숫자로 움직이는 부동산, 심리로 해석하다

# 부동산
# 행동경제학

숫자로 움직이는 부동산,
심리로 해석하다

# 부동산 행동경제학

최황수 지음

"언제 사서 언제 팔아야 하는가?"
부동산 시장의 징후들과 행동경제학

**부동산 투자,
행동경제학을 만나다**
실패와 후회를 막는 부동산 투자의 해법

일에이일북

여는 글

# 부동산 투자와 행동경제학의 만남

경제활동을 이해하고 해석하는 주류 경제이론은 과거 '화폐론자' '재정론자' 등으로 대표되었다. 현대의 경제정책에 영향을 미친 일등공신들이다. 다만 주류 경제이론은 인간과 경제주체가 언제나 합리적 의사결정이 가능한 냉정한 존재라는 전제를 바탕으로 한다. 너무도 멋진 존재들인 것은 맞지만 주변을 둘러보면 어떤 정부도, 어떤 인간도 완벽해 보이진 않는다. 오히려 대부분의 결정은 시행착오와 후회를 동반한다.

주류 경제학으로는 해석되지 않는 현상과 결과가 온 세상에 더 많아 보인다. 경제활동의 주체인 우리는 냉정하고 합리적이기 어려운 너무도 인간적인 존재들이다. 그래서 진화하는 인류는 마침내 하나의 진실에 다다른다. 인간은 완벽하게 이성적이고 냉혹한 존재가 아니라, 실수와 비이성적인 의사결정을 반복하는 따뜻한 존재라는 사실을. 그 흐름 속에서 탄생한 것이 바로 행동경제학이다.

행동경제학은 냉정하고 합리적이지 않은 의사결정의 원인을 이해하는 학문이다. 행동경제학이 바라본 인류는 매우 인간적이고 감성 충만한 존재다. 2002년 대니얼 카너먼은 현실의 경제주체들의 행동을 연구한 성과로 인류를 대표해 노벨경제학상을 수상한다. 경제학자라기보다는 심리학자에 가까운 그를 경제학계가 인정한 사건이었다. 이후 행동경제학은 주류 경제학을 뛰어넘는 성과를 보인다.

최근 노벨경제학상을 수상한 학자들을 보면 게임이론 또는 행동경제학자가 많은 수를 차지하고 있다. 행동경제학은 각종 상품에 대한 마케팅, 금융 자산에 대한 투자, 여러 사회현상을 합리적이고 이성적인 시각이 아닌 인간의 심리적인 측면에서 해석하는 데 많은 기여를 하고 있다.

부동산 분야에 있어서도 행동경제학을 바탕으로 다양한 분석과 관찰이 진행되고 있다. 투자의 객체이자 재화의 한 부분인 부동산에 대한 인간의 의사결정은 행동경제학과 매우 밀접한 관계성을 가지고 있다. 행동경제학이 바라본 심리적, 사회적, 인지적 요인이 부동산에 대한 의사결정에 어떻게 영향을 미치고 매매, 임대, 개발, 관리의 의사결정에 어떻게 영향을 받는지 해석한다.

그러나 냉정히 말하면 부동산 시장의 강세와 약세를 결정하는 것은 행동경제학의 인간 심리가 아니다. 금리, 경제성장률, 물가, 고용 등 거시적인 요인이 부동산 시장의 절대적인 요소다. 거시적인 요소들의 결과가 심리에 영향을 미치는 것이지, 부동산 투자자의 심리가 선행되어 거시적인 흐름을 바꾸는 것은 아니다.

부동산 투자의 심리적인 요인은 철저히 후행적인 현상이다. 모든 시장의 참여자가 완벽한 정보에 접근하고, 지극히 이성적인 의사결정을 내린다면 어떨까? 모든 사람이 부동산 투자로 돈을 벌거나, 모든 사람이 돈을 벌지 못할 것이다. 동일한 현상과 흐름에도 개개인의 의사결정과 사고가 다르기에 결과가 달라진다. 이 부분을 파고드는 분야가 행동경제학이다.

'부동산의 매수 심리가 회복되지 않았다'라는 뉘앙스의 기사를 종종 접한다. 부동산의 회복세를 판단하고 시황을 판단하는 데 '심리'라는 단어가 남발된다. 인간의 의사결정을 지배하는 어떤 존재가 있다는 것이 행동경제학이 바라보는 합리적 의심이다. 따라서 재화에 대한 의사결정을 기본으로 하는 부동산 투자와 행동경제학은 매우 밀접한 관련이 있다.

정보 비대칭의 극복, 수요와 공급의 이해, 이성적인 판단, 합리적인 의사결정이 가능한 투자자라면 오류도, 실패도, 손실도 없다. 그러나 스스로 과거를 돌아보면 비이성적이고 비합리적인 행동으로 인해 손해를 본 경험이 더러 있을 것이다. 놀라운 사실은 이러한 행동은 대부분 반복적으로 나타난다.

우리나라에도 다양한 경제 분야에서 행동경제학적인 연구와 관찰이 이뤄지고 있다. 하지만 아쉽다. 아무리 찾아봐도 부동산과 행동경제학에 대한 연결고리를 만들려는 시도가 없다. 물론 향후 많은 생각과 연구가 있을 것으로 보인다.

이 책에서는 합리적이고 이성적인 부동산 투자가 아닌, 어째서 '인간적이고 너무도 인간적인' 부동산 투자를 하게 되는지 행동경제학적 관점에서 소개하고자 한다. 어쩌면 '나도 그랬는데'라고 생각하며 이불킥을 할 수도 있다. 책의 후반부에서는 부동산 투자에서 흔히 나타나는 행동경제학적 오류를 짚어보고, 이를 바로잡을 수 있는 합리적인 투자 의사결정 방법을 소개한다. 완벽하지는 않더라도 현실의 오류를 바꾸는 데 기준점이 되었으면 한다.

최황수

 목차

여는 글
부동산 투자와 행동경제학의 만남　　　　　　　　　4

## 1장
## 영끌족과 벼락거지

영끌족 vs. 벼락거지　　　　　　　　　　　　　15
전문가의 말은 진짜 믿어도 될까?　　　　　　　21
여권과 비자가 필요한가요?　　　　　　　　　　29
화성에서 부동산 투자를?　　　　　　　　　　　38
떴다방의 출현　　　　　　　　　　　　　　　　48

## 2장
## 행동경제학으로 바라본 부동산 투자 ①

| | |
|---|---|
| 풍선효과와 행동경제학 | 61 |
| 부동산 규제와 풍선효과 | 74 |
| 실거래가격과 행동경제학 | 93 |
| 몸테크와 행동경제학 | 106 |
| 1층 상가에 투자하는 이유 | 111 |
| 기획부동산에 속는 이유 | 117 |

## 3장
## 행동경제학으로 바라본 부동산 투자 ②

| | |
|---|---|
| 부동산 투자와 넛지이론 | 129 |
| 부동산 투자와 다크패턴 | 144 |
| 부동산 기사와 행동경제학 | 151 |
| 시장의 징후와 행동경제학 | 167 |

## 4장
# 호모 이코노미쿠스의 부동산 투자

| | |
|---|---:|
| 호모 이코노미쿠스란 무엇인가? | 199 |
| 호모 이코노미쿠스의 투자패턴 | 204 |
| 시스템 1의 세계 | 214 |
| 시스템 2의 세계 | 226 |

## 5장
# 무엇이 가격을 결정하는가?

| | |
|---|---:|
| 정부의 부동산 정책 | 235 |
| 부동산 시장 지표 팩트체크 | 245 |
| 가격에 반비례하는 거시 변수 | 258 |
| 가격에 비례하는 거시 변수 | 269 |
| 가격에 영향을 미치는 검룡소를 찾아서 | 278 |
| 여러 변수가 즉각적으로 반응하지 않는 이유 | 283 |
| 무임승차효과에 대하여 | 295 |
| 언제 매각해야 하는가? | 315 |

**닫는 글**
최적의 해답을 찾기 바라며                    322


행동경제학 용어 찾아보기                     326

# 1장.
# 영끌족과 벼락거지

01. 영끌족 vs. 벼락거지
02. 전문가의 말을 진짜 믿어도 될까?
03. 여권과 비자가 필요한가요?
04. 화성에서 부동산 투자를?
05. 떴다방의 출현

# 영끌족 vs. 벼락거지

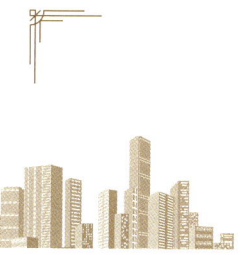

'영끌족'에 대한 의미와 정의는 여러 가지다. 말 그대로 영혼까지 끌어 모아 투자한 사람, 즉 본인의 능력보다 많은 돈을 빌리거나 동원해서 부동산에 투자한 사람을 말한다. 소유한 현금, 담보대출, 신용대출을 모두 동원했다면 영끌족이라 할 수 있다. 여기에 대응되는 단어로는 '벼락거지'란 말이 있다. 소득의 변화가 없는데 부동산 상승기에 편승하지 못한 무주택자 등을 비꼰 말이다. 둘의 공통점은 무엇일까? 둘 다 부동산 가격이 급격히 상승한 상승장 때 만들어진 단어들이다.

방향은 다르지만 미래에 대한 불안함이 동반된다. 이때 생기는 것이 포모(FOMO)증후군이다. 영끌족은 매수한 자산이 떨어질까 걱정이고, 벼락거지는 더 오르는 상황에 편승하지 못해 실질자산이 줄어드는 것을 우려한다.

> **여기서 잠깐!**
>
> **포모란?**
>
> 포모(FOMO; Fear of Missing Out)란 원래는 심리학 또는 마케팅에서 '고립공포감' 현상을 나타내는 데 쓰이는 용어다. 일정한 흐름이나 상황에서 소외되는 두려움을 말한다. 부동산 상승기에 주변에서 투자로 돈을 벌었다는 이야기가 들려오면 무엇인가 해야 되는 것은 아닌가 하는 강박관념이 생긴다. 이러한 심리가 적극적으로 나타나면 영끌족이 되고, 소극적인 관점을 유지하면 벼락거지로 불릴 수 있다.

두 단어는 합리적이 못하고 비이성적인 뉘앙스가 풍긴다. 하늘 꼭대기까지 끝없이 오르기만 하는 자산은 없기에 부담스러운 가격까지 상승한 부동산을 무리하게 투자하는 것도 비이성적이고, 가격 상승이 상당 기간 진행되었는데 내릴 때까지 기다리겠다고 주저하는 것도 비합리적이다.

## 상대적 손실회피편향

행동경제학에서 이 모두를 설명하는 개념이 있다. 바로 손실회피편향(Loss aversion)이다. 같은 이익과 손실을 볼 경우 이익으로 얻는 기쁨보다 손실로 생기는 괴로움이 더 크게 느껴지는 심리상태를 말한다. 행동경제학자이자 심리학자 아모스 트버스키와 대니얼 카너먼이 실험을 통해 처음으로 입증했다. 단순히 손실을 피하려는 경계심을 넘어서, 실제 손실 가능성에 대비해 미리 행동하는 심리까지 설명한다.

영끌족과 벼락거지는 상대적 손실회피편향에서 비롯된 것이다. 영끌족의 무리한 매수는 가만히 있으면 자산 격차가 더 벌어질 것이라는 불안감에서 비롯된 것이다. 미래의 상대적 손실을 우려한 행동의 결과다. 영끌족의 행동을 지지해주는 또 다른 바탕은 부동산 투자 시점부터 계속 가격이 상승할 것이라는 믿음에 있다. 벼락거지는 어떠한가? 공포에 휩싸이면서 부동산 가격 상승에 참여하지 못한 소외감에 잠 못 이룬다. 급기야 뒤늦게 부동산 매수 행렬에 참여하거나 영끌족으로 변신하기도 한다.

좋은 직장을 다니고, 성실하고, 인간관계가 원만한 친구가 있다. 소득이 발생하면 저축이 미덕이라고 생각하고 현금 보유만을 선호하는 친구다. 절약을 통해 놀랄 만한 저축잔고를 유지하고 있다. 한편 부동산에 대해서는 언제나 고점이라는 인식을 가지고 있다. 이런 생각으로 오랫동안 무주택을 유지했다.

한참 부동산 가격이 오르던 2022년 가을, 사당동의 어느 횟집에서 꼭 만나자고 한다. 만나자마자 표정이 너무 비장하다.

"이러다 정말 벼락거지가 될 것 같아."

"어? 왜?"

"주변에 부동산을 사서 돈 버는 사람이 이렇게 많은데 현금만 가지고 있자니 너무 불안해. 지금이라도 집을 사야 되는 것 아니야? 추천할 곳 있어?"

"지금은 집값이 너무 올라서 늦은 것 같은데?"

"아니야. 내가 보기에는 더 오를 것 같아."

"아니, 내가 5~6년 전부터 내 집 한 채는 있어야 한다고 말했잖아. 투자 목적이 아니더라도 실거주로 살 집은 필요하다고. 그때마다 더 떨어지면 산다고 했잖아?"

"음, 실거주 목적도 있지만 지금은 괜히 저축한 돈 값어치만 떨어지는 것 같아서 말이야."

"그럼 지금이라도 집을 사. 하지만 실거주가 아니라 투자 목적이라면 부담스러운 상황이라는 건 알아둬. 그리고 이제 생각나는데 네가 집 사겠다고

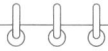

하는 거 보니 정말 고점인가 봐."

"정말 그런가?"

"난 너처럼 부동산을 사는 것이 아니라, 사는 곳이라 생각하는 태도도 충분히 존중받아 마땅하다고 생각해."

"지금도 그렇게 생각하는데 주변 분위기가 너무 이상해."

"솔직히 말하면 그동안의 너를 생각하면 이번에도 절대 못 살 것 같아."

혼란과 아쉬움이 친구의 눈에 아른거렸다. 이후 역시나 친구는 결국 아무것도 하지 않았다. 지금쯤 안도하고 있을까? 아니면 어느 정도 조정되었을 때 적극적으로 매수를 고려할까? 가끔씩 궁금하다.

부동산 가격이 계속 오르면 영끌족의 마음은 어떨까? 영끌족은 자신의 신념이 옳았음을 확신한다. 주변에 노하우를 전파하기도 한다. 자신의 감각에 대한 긍정적 확신이 뇌리를 지배한다. 벼락거지라고 인식한 이는 좀 더 깊은 자괴감에 빠진다. 애써 관심을 돌리려고 한다. 부동산 또는 집을 두고 '사는 것이 아닌 사는 곳'이라는 문구를 보며 위로를 받는다.

그럼 반대로 부동산 가격이 내리면 어떨까? 영끌족의 공포감은 극대화된다. 일반적으로 하락기 때는 담보대출과 신용대출의 금리가 상승한다. 이자 부담이 늘어나면 실질소비가 줄어든다. 비자발적 절약이 몸에 밴다. 벼락거지라 불리던 이는 안도감이 든다. 자신의 판단에 대한 자부심이 생긴다. 놀라운 것은 다시 자산가격이 상승하는 시기가 찾아와도 이전의 학습효과 때문에 똑같은 의사결정을 한다는 점이다.

# 전문가의 말을 진짜 믿어도 될까?

전문가란 해당 분야에서 오랫동안 학습하고 경험을 쌓아 인정받는 사람을 말한다. 많은 분야에 전문가 집단이 존재한다. 일반적으로 각 분야 전문가들의 배움과 경험이 비슷하다면 그들의 논리와 주장은 대부분 일치할 것이다. 그러나 부동산은 다르다.

  부동산 시장에는 해묵은 논쟁이 있다. 바로 '상승론자'와 '하락론자'의 대결과 편 가르기다. 부동산 가격 상승기에는 상승을, 하락기에는 하락을 주장하는 중도적 의견을 가진 전문가는 보기 드물다. 대중의 기대에 부응하거나 확실한 입장을 취해야 주목받는 미디어 환경과도 무관하지 않다. 중도 또는 팩트체크에 집중하는 이는 자극적이고 흥미롭지 못하다는 이유로 시장의 주목을 받지 못한다.

## 의견이 갈리는 이유

궁금함이 생긴다. 전문가라는 사람들을 보면 과거에 읽은 책도 비슷하고, 같은 스승에게 배운 경우도 드문 일이 아니다. 그런데 왜 시장에 대한 해석은 이토록 엇갈리는 걸까? 아마도 경험치가 다르거나 개인적인 상황이 달라서일 것이다. 행동경제학은 이를 정보편향(Bias in Information), 감정적영향(Emotional Influences), 시장편향(Market Biases), 리스크 회피(Bias in Risk Aversion)에서 비롯된다고 설명한다.

### 1. 정보편향

부동산 전문가가 과거 성공적인 거래를 했거나 특정 지역에서 돈을 번 경험이 있을 수 있다. 이로 인해 어떤 지역의 부동산 시장이 계속해서 상승할 것이라고 예측할 수는 있지만, 과거의 특정한 경험에서 비롯된 오판일 수 있다. 정보편향은 다시 확증편향, 가용성 편향, 불확실성 회피로 분류된다.

첫째, 확증편향(Confirmation Bias)은 부동산 전문가가 이미 가지고 있는 의견이나 믿음을 뒷받침하기 위해 정보를 선택적으로 수집하고 해석하는 것이다. 특정 지역의 부동산 시장이 오를 것이라고 주장하는 전문가는 그 지역의 긍정적인 정보를 우선적으로 찾고 부정적인 정보를 무시할 수 있다. 결론을 먼저 정하고 그 결론에 부합하는 근거와 사실관계만을 강조한다. 대부분의 전문가 그룹이 이 부분에서 자유롭지 않다.

둘째, 가용성 편향(Availability Bias)이란 특정 정보에 많은 가중치를 두는 경향이다. 예를 들어 특정 지역이나 특정 유형의 부동산에 대한 부정적인 사건을 경험한 경우, 해당 지역을 극단적으로 과소평가하는 경향이 있다. 자신의 경험이 전체 시장을 대변한다고 착각한다. 경험은 의사결정의 중요한 변수지만 편협된 경험인지 아닌지 제대로 검증하지 못하는 경우가 많다.

셋째, 근접성 편향(Proximity Bias)은 실제로 경험한 사건이나 상황에 대한 정보에 더 많은 가중치를 두는 경향이다. 특정 지역이나 건물에 대한 개인적인 경험이 해당 부동산 지역의 대한 평가에 영향을 미칠 수 있다. 예전에 거주했던 지역이나 직장이 있었던 지역에 대한 부정적 경험 또는 긍정적 경험이 객관적인 시각을 방해하는 경우다.

넷째, 불확실성 회피(Uncertainty Aversion)란 정보가 부족하거나 불확실한 경우 불확실성을 피하기 위해 이미 가지고 있는 의견이나 믿음을 강화하는 현상이다. 이 경우 새로운 정보를 받아들이거나 새로운 시황을 적절히 반영하지 못한다. 본인의 학습과 경험 밖에 있는 현상이나 논리에 대해 귀를 닫고 일단 부정적으로 생각하는 경우가 많다.

'데이터 분석을 근거로 설명하는 전문가라면 믿을 만하지 않을까?'

한편으론 이런 생각도 든다. 부동산 전문가가 언론이나 유튜브에서 본인이 분석한 데이터를 근거로 향후 부동산 시장의 전망이 어떻다고 주장하는 경우를 많이 본다. 현재 부동산 시장의 거래량이 어떻고, 인구동향과 거래심리 등이 어떻고, 따라서 이런 방향으로 시장이 움직일 것이라고 피력한다. 진짜 데이터 분석을 근거로 본인의 주장을 하는 것일까?

원래 제대로 된 데이터 분석은 단순히 수치와 흐름만으로 이뤄지지 않는다. 오차와 오류를 검증하는 절차를 반드시 거쳐야만

한다. 이를 위해 분석 도구가 필요하다. 간단한 데이터 분석은 '엑셀' 'SPSS' 프로그램을 사용하고, 양이 많거나 분석의 다양한 변환이 필요하면 'SAS' 'R' 'Python' 등의 분석 패키지가 필요하다. 여러 도구를 통해 데이터의 신뢰, 유의 수준, 상관관계, 오차 검증을 거쳐야만 주장 또는 가설로 사용 가능한 변수인지 확인할 수 있다. 유감스럽게도 이러한 절차대로 제대로 된 분석을 내놓는 전문가는 거의 보이지 않는다.

자칭, 타칭 부동산 전문가는 데이터의 흐름과 추세선만 보고 수치적으로 본인의 분석이 옳다고 주장한다. 상당한 오류가 있을 확률이 높은데 데이터 분석에 근거했다고 자신한다. 본인의 고정 논리를 뒷받침하기 위해 유리한 데이터만 선택적으로 채택한다. 왜 그럴까? 자신의 주장이 사변적인 사유가 아닌 근거가 있다고 말하기 위함이다. 그래야 다른 논리 비판으로부터 방어가 가능하다고 느끼는 것 같다. 결론적으로 단순한 **데이터 관찰에 불과**한 것을 분석이라고 우기는 일이 많다.

## 2. 감정적영향과 전문가의 서사

부동산 전문가가 특정 부동산 투자에 대해 개인적인 관련이 있거나 보유 중이라면, 의견이 합리적이거나 객관적이지 않을 수 있다. 이 경우 해당 부동산에 대해 과대평가하는 경향이 있다. 반대로 자주 언급되는 지역임에도 본인과 관련이 없으면 무작정 과소평가하기도 한다.

평소 신박한 말을 잘하는 선배가 있다. 가끔씩 만나는 자리가 있으면 각자 근황을 이야기하곤 한다. 과거 어느 술자리에서 내가 "배운 책이 비슷하고, 배운 스승이 비슷한데 각자 하는 말이 다른 것을 보면 그냥 이쪽 세계의 섭리인가 봐요." 하고 말했다.

그러자 선배는 미소 지으며 말했다.

"그래? 그럼 하나만 물어보자. 대체로 긍정적인 전망을 내놓는 그룹과 대체로 부정적인 전망을 내놓는 그룹, 각각의 공통점이 뭔지 알아?"

"뭐 다 그런 건 아니지만 긍정적인 쪽은 유주택자이고, 부정적인 쪽은 무주택자인 경우가 많더라고요."

"다 그런 건 아니라고? 정말 그래?"

"꼭 그런 건 아니지만 대체적으로 그런 것 같네요."

"그럼 공부가 무슨 필요가 있고, 책이 무슨 필요가 있어? 사회과학은 개인 서사(敍事)가 전부인 거야."

"네?"

나는 선배의 한마디에 많은 것이 이해되기 시작했다.

## 3. 시장편향

부동산 시장에서 특정 지역이 '뜨는 지역'으로 회자되면 전문가들이 그 지역에 대한 과도한 긍정 의견을 내놓기도 한다. 개인적인 학습이나 분석이 선행되면 시장편향이 존재하지 않을 수 있으나, 아직 모르는 분야이거나 지역이라면 리스크 회피를 위해 주류 의견에 편승해 추종하기도 한다.

## 4. 리스크 회피

부동산 전문가가 자신의 주장이 나중에 틀렸다고 평가받는 것을 우려해 과도하게 보수적인 전망을 제시하는 경우다. 새로운 아이디어나 접근 방식에 대한 열린 마음이 부족한 경우로 안전한 선택을 선호하면서 모호한 의견을 피력한다. 이러한 의견을 언론과 미디어에서 은근히 좋아하는 것 같다. 궁금함을 가진 독자 입장에선 별로 도움이 되지 않는 말잔치 느낌이 든다. 구체성이 결여된 조언은 공허하게 들릴 수밖에 없다.

전문가 그룹의 이야기를 비꼰 어느 이야기가 생각난다.

소크라테스가 저승에 갔다. 천당과 지옥 어느 쪽을 갈지 잠시 면접을 보는데, 면접관은 듣도 보도 못한 무명의 철학자였다.

"소크라테스, 당신이 알고 있는 철학에 대해 설명해보시오."

소크라테스는 자신의 철학과 인간의 의미, 세상의 섭리에 대해 설명한다. 그때 면접관인 무명의 철학자가 무어라 묻자, 그는 머리를 긁적이며 어둠 속으로 사라진다.

얼마 후 이번에는 플라톤이 나타나 무명의 철학자에게 우주의 섭리와 정의, 이성에 대해 장황하게 설명했다. 무명의 철학자는 플라톤에게 소크라테스에게 했던 질문을 똑같이 했다. 플라톤은 바로 고개를 떨구며 어둠 속으로 사라진다.

이후 수많은 성인과 철학자가 면접을 보러 왔지만 동일한 질문에 아무런 대꾸도 하지 못한 채 어둠 속으로 사라졌다. 그가 던진 질문은 이렇다.

"그건 네 생각이지."

## 최대의 적은
## 현상유지편향

현상유지편향(Status Quo Bias)은 대부분의 사람이 다른 대안이나 방법이 더 좋은 결과를 가져온다 하더라도 기존의 상황이나 성향을 유지하려는 경향을 의미한다. 합리적인 투자의 최대의 적이다.

부동산 투자 측면에서 현상유지편향은 두 가지 얼굴의 모습으로 나타난다. 해당 지역이 너무 익숙하고 잘 알아서 고평가하거나, 반대로 저평가한다.

## 1. 우리 동네만큼 살기 좋은 곳도 없지

긍적적인 현상유지편향이다. 이 부분을 설명하기 위해서는 한 가지 전제조건이 필요하다. 인간은 정서적으로 편안한 지역과 익숙한 동네를 선호한다. 실거주 목적이라면 이런 지역이 가장 이상적인 것이 맞다. 하지만 본문에서는 교환가치 상승 가능성이 높은 부동산, 즉 정서적 만족이 아닌 투자 관점에서 부동산을 바라보려 한다.

자신이 아는 지역과 동네에 대해서는 상대적으로 강한 애착을 보이기 마련이다. 장점을 부각시키고 단점은 애써 보지 않는다. 투자가치 면에서 객관적으로 시세 탄력이 떨어지는 곳이라 해도 좋은 지역이라고 평가한다. 몇 번의 질문과 답변을 통해 왜 이곳이 다른 지역보다 투자가치 면에서 떨어지는지, 왜 이사가 필요한지 이내 수긍하고 인정한다. 그러나 조언을 수용하는 것과 행동하는 것을 별개의 문제다.

자신이 아는 지역과 동네를 벗어나지 않으려 하는 것. 부동산 분야에 있어 가장 일반적인 현상유지편향이다. 우리나라 어디를 가도 내가 사는 동네가 제일 살기 편하고 좋은 곳이란 말을 들을 수 있다. 정서적으로 옳은 시각임은 틀림없지만 투자의 세계에서는 틀린 이야기일 수도 있다.

강의를 하다 보면 이런 대화를 나누는 경우가 많다.

"최 교수님은 우리 동네가 얼마나 살기 좋은지 몰라요. 맑은 공기, 가까운 시장, 그리고 약수터, 주민자치센터, 파출소 등 없는 게 없다니까요?"

"네, 정말 살기 좋은 동네네요. 그런데 교통은 어떤가요?"

"아휴! 교통도 너무 좋아요, 집에서 1분 거리에 바로 버스정류장이 있어서 편하게 시내 어디든 나갈 수 있어요. 노선이 하나이긴 한데 전 괜찮아요."

"혹시 무슨 버스가 다니는 정류장인가요?"

"마을버스요."

"흠. 그럼 근처에 전철역은 있나요? 있다면 어느 정도 거리일까요?"

"도보로는 못 가고 마을버스 타고 한 15분 정도 가야 해요. 집값이 별로 안 올라서 그렇지 살기 너무 좋아요. 아는 친구도 많고 맛있는 식당도 많아요."

"살기 좋은 곳이네요."

"그렇죠. 그런데 이제는 저도 어느 정도 투자가치가 있는 집에서 살고 싶어요. 어떻게 하면 좋을까요?"

"조심스럽고 죄송한 말씀이지만 그런 목적이라면 거주하는 지역과 동네를 벗어나야 할 것 같습니다. 부동산의 가치와 향후 전망은 개인적인 친숙함보다는 교통, 학군, 도시계획과 같은 객관적 요소가 우선입니다."

"그렇지만 여기에 오래 살았고, 친구도 많아서요. 떠나는 것이 부담스럽습니다."

"익숙하고 편안하다면 당연히 주거지로 유지하는 것이 좋습니다. 어느

무엇보다 존중되어야 할 가치라고 생각합니다. 하지만 교환가치, 즉 투자처로 부동산을 바라보신다면 지금 거주하는 곳은 발전이나 가격 상승 가능성이 상대적으로 약한 지역입니다. 어디에 더 큰 가치를 둘지 선택하셔야 합니다."

"쉽지 않네요. 좀 더 고민해보겠습니다."

## 2. 지역이 천지개벽해도 생각은 그대로

부정적 인식 역시 현상유지편향의 늪에서 벗어나기 어렵다. 본인이 잘 아는 지역에 대한 부정적 편향도 쉽게 바뀌지 않는다. 서울에 '망원동'이라는 지역이 있다. 동 이름을 듣자마자 떠오르는 부정적 이미지가 있다면 현상유지편향이 존재한다고 말할 수 있다. 이 지역은 과거 한강변 상습침수지역이었다. 꽤나 오랫동안 망원동에 거주한다고 하면 대뜸 "요즘에는 침수 피해가 없나요?"란 말을 듣곤 했다.

팩트체크를 해보자면 망원동은 2011년 대규모로 빗물펌프장이 준공되면서 물난리에서 안전한 지역이 되었다. 이후 상암동이 미디어타운으로 변모했고, 바로 연접한 합정동은 홍대입구 상권이 확장하면서 한마디로 핫한 동네가 되었다. 대형 연예 기획사 어느 강연장에서 "이 지역은 향후 교통요인이 급격히 개선되는 지역이므로 근처 주택과 토지 시장에 긍정적인 흐름이 이어질 것 같습니다." 하는 이야기를 하고 있었다. 그때 어떤 분이 손을 들며 "교수님, 그렇게 쉽지는 않아 보이는데요." 하고 말했다.

"네, 물론 당장에는 그렇게 보일 수 있습니다. 하지만 기존에 드문드문 일반 기차가 다니던 역이 복선전철이 되면 일반 전철처럼 자주 운행되므로 역세권이 강화됩니다. 추후 이런 지역은 외부적인 수요가 크게 늘어날 테니 부동산의 가치도 증가할 것입니다."

"교수님, 그 동네는 제가 오랫동안 살아봐서 압니다. 아무리 뭐가 들어오고 발전한다고 해도 원래부터 썰렁한 지역이라 큰 영향은 없을 것 같아요."

"네, 지금 모습만 보면 충분히 그렇게 생각할 수 있다고 봅니다. 그러나 다른 도시지역 역시 과거에는 농지나 임야였던 것처럼 환경과 인프라가 개선되면 시장수익률을 상회하는 가격 흐름이 이어질 것으로 예상됩니다."

"그럴 수도 있겠지만 그 지역을 너무 잘 알고 있어서 쉽게 수긍이 가지는 않네요."

사옥이 들어서는 등 지속적으로 발전이 이뤄졌다. 이러한 변화에 외부 투자자가 몰려들었고, 지역 내 부동산 가격 상승이 지속적으로 일어났다. 실제로 망원동에 오랫동안 친근함을 가지고 있는 분이 오히려 지역 내 발전이나 가격 상승을 더디게 인지하는 경우가 많다.

서울 은평구는 과거 학군과 지역 내 인프라 좋은 지역이었다. 핵심적인 지역은 단연 불광동, 응암동, 신사동, 역촌동 등이다. 당시 가장 비선호지역은 수색동 일대였다. 수색동은 시내와의 교통 동선이 가장 나쁘고 고양시 화전동 지역 등과 맞닿아 있어 소외된 지역이었다. 30~40년 전 서울역을 경유하는 노선버스 중 수색이 종점인 버스가 2대가량이었다. 그만큼 은평구에서 가장 외진 지역으로 인식되었다.

그런데 지금은 어떠한가? 은평구에서 가장 면적당 집값이 높은 지역으로 바뀌었다. 대규모 뉴타운 사업으로 신규 주택 공급이 늘어나고, 바로 길 건너 상암 DMC가 일자리 수요를 견인하면서 가치가 높아졌다. 그런데 초창기에는 지역 내 거주자들에게는 홀대받는 지역이었다. 과거부터 외지고 낙후된 동네라는 이미지가 강했기 때문이다.

부정적 현상유지편향이 바뀌기까진 일반적으로 시간이 걸린다. 사람들은 당장 눈에 보이지 않는 계획이나 미래를 신뢰하지 않는다. 계획이 확정되고, 예산이 편성되고, 시공에 들어가도 믿지 않는다. 완공된 모습을 보기 전까지는 신뢰하지 않는다.

> 어느 지역에 지하철 공사가 진행 중이었다. 지역 내 거주자들과 만나 강연할 때마다 향후 역세권으로 변모하면 유동인구가 늘고 전망이 좋을 것이라고 강조하곤 했다. 그런데 어떤 분이 손을 들며 이렇게 반문했다.
>
> "여기는 이 동네 사람들도 선호하지 않는 지역인데 지하철이 들어와도 반응 없을 걸요? 그리고 공사가 언제 끝나겠어요?"
>
> "아무래도 지하철이 없었던 때보다야 좋아지지 않을까요? 아시다시피 6개월 뒤 개통이고, 벌써 역사 내 인테리어가 한창이라고 들었습니다."
>
> "그것도 가봐야 아는 것 아닌가요?"

## 3. 내 아파트가 최고야

확증편향은 합리적이고 이성적인 부동산 투자를 방해한다. 부동산 투자자뿐만 아니라 대부분의 사람이 기존의 신념을 확인시켜 주는 정보에 보다 많은 가치를 부여하는 경향이 있다. 자신이 선택한 부동산이 좋은 투자처라고 일단 믿고 본다.

이성적인 부동산 투자자라면 장점과 단점을 서로 비교해 장점이 많으면 보유하고, 단점이 많으면 매도를 고려할 것이다. 그러나 인간 친화적인 행동경제학적 관점의 부동산 투자자는 장점에 막대한 가중치를 부여한다. 비록 거대한 단점이 존재해도 개의치 않는다. 마치 신앙과 같은 확증이 존재한다.

투자자의 확증편향은 기존에 보유한 부동산을 계속 유지하려는 강력한 의지로 발현된다. 이는 시장 변화에 따른 잠재적인 손실을 피하려는 심리에서 비롯된다. 혹시 갈아탔다가 매각한 부동산은 오르고 매수한 부동산은 떨어지는 최악의 상황에 대한 두려움이 확증편향을 더욱 단단하게 만든다.

"교수님, 강의 잘 들었어요. 그런데 강의대로라면 제가 가진 C지역 아파트가 그렇게 전망이 좋진 않네요?"

"네, 갈아타기도 생각해보셔야겠어요."

"그런데 저희 아파트 맞은편에 2천 세대쯤 되는 대단지가 2년 뒤에 입주를 하는데, 그러면 저희 아파트도 영향을 받아 좀 괜찮지 않을까요?"

"음, 전혀 영향이 없지는 않겠지만 그래도 교통이 불편한 지역이어서요."

"참, 준공된 지 30년이 다 된 아파트라서 재건축 이슈도 있는데 어떨까요?"

"노후화되어도 해당 아파트는 대지지분이 그렇게 크지 않아서 사업성이 별로 없어 보여요. 오래되었다고 모든 아파트가 재건축되지는 않거든요."

"그렇군요. 다음 달에 아파트 단지 앞으로 행정복지센터가 크게 이전·개소를 하는데 별 영향은 없겠죠?"

"일단 그 지역 자체가 거주자 감소가 진행되는 지역이에요. 실거주 목적

이면 상관없지만 투자 목적이라면 갈아타기를 고려해보세요. 그리고 이런 저런 장점으로 저를 설득하려 하시는데, 저보다는 시장을 설득하는 기준으로 고민하는 것이 좋아 보입니다."

"네, 좋은 말씀 감사합니다."

# 화성에서 부동산 투자를?

10여 년 전 우연한 기회에 몽골 울란바토르를 다녀왔다. 체류하는 동안 안내해줄 가이드를 지인을 통해 소개받았다. 가이드의 한국식 이름은 '한수'였다. 7년이나 한국에서 일한 적이 있어 한국말에 능통했고 외모도 한국사람이라고 해도 무방했다.

여정 중에 다양한 질문과 답변이 오갔다. 몽골은 국토의 2/3만 측량을 했는데도 세계 7대 자원보유국으로 올라섰다는 이야기, 자원 개발로 부자가 된 사람의 이야기, 인구 300만 명 중 1/10이 한국을 가본 적이 있고 간단한 한국어 의사소통이 가능하다는 이야기 등이 오갔다. 그중 가장 흥미로운 이야기는 예적금 금리였다. 당시 몽골의 가장 큰 은행(Khan Bank)의 예적금은 연이자가 17% 정도에 달했다. 단순하게 연 단위 복리식으로 투자하면 4년 반이면 원금이 2배로 불어나고, 9년이면 원금이 4배로 늘어난다. 심지어 이자소득세도 없었다. 예적금을 현금화할 때 발생할 수 있는 환율 하락, 높은 물가상승률 등의 리스크도 생각보다 높지 않았다. 한수에게 다음과 같이 물었다.

"그럼 몽골에서 돈 번 사람들은 은행을 통해 꽤 괜찮은 수익률을 올리겠네요?"
"아니요. 제 주위에 돈 있는 사람들은 아무도 예금을 하지 않아요."
"그래요? 그럼 뭘 하는데요?"
"모두 다 토지나 상가, 아파트에 투자합니다."
"흠, 부동산 임대 수익률이 어느 정도 되는데요?"
"지역에 따라 다른데 수도 울란바토르는 연간 7~8% 정도 됩니다."
"네? 리스크가 없는 예적금 수익률이 2배 이상 높은데 왜 부동산 투자를 하죠?"

그러자 한수가 날 한심하다는 듯이 쳐다보며 이야기했다.

"아니, 부동산 공부하시는 분이 그걸 모르세요? 예금은 원금이 불어나지는 않잖아요. 부동산은 임대 수익률은 좀 낮아도 원금이 불어나고요."

그렇다. 임대료가 적어도 부동산 자체의 시세차익, 즉 자본이득이 더 크다는 것이다. 가슴이 뻥 뚫리는 몽골 초원보다 더 흥미 있는 대화였다.

생각해보면 한국도 1990년대까지는 예적금 금리가 두 자릿수였다. 예적금 금리가 높았지만 당시에도 자산가들은 부동산 투자에 집중했던 기억이 있다. 물론 이러한 투자 형태가 성립되려면 전제조건이 있어야 한다. 그것은 바로 높은 경제성장률이 수반되어야 한다는 점이다. 한국도 과거 두 자릿수 또는 한 자릿수 후반대의 고성장을 달리던 시기가 있었다. 그러한 시기에는 자산의 가격 증가율이 예적금 금리보다 가치가 클 가능성이 높다. 결국 돈의 흐름은 현재 가치보다 미래 가치를 더 중요하게 여긴다.

몽골에서의 일정을 마무리할 즈음, 숙소에서 가이드 한수와 피자를 배달해 먹었다. 한수가 피자를 맛보더니 이렇게 물었다.

"피자 맛 어떠세요?"

"생각보다 괜찮은데요?"

"예전에 몽골 사람들은 피자를 안 먹었는데 요즘은 많이들 먹고 있어요. 특히 저처럼 젊은 사람이 완전 좋아하는 메뉴입니다."

"그래요?"

"제가 한국에서 일할 때 5년은 이삿짐센터에서 일했고, 2년은 피자집에서 일했는데요. 몽골은 아직 피자집이 많지 않아서 가게를 차리면 잘될 것 같아요. 마침 싸고 좋은 가게 자리를 봐둔 게 있는데 저랑 해보실래요?"

관광 왔다가 사기를 당하는 여행객의 전형적인 레퍼토리처럼 느껴졌다.

"그래요? 얼마 정도면 차리는데요?"

"제가 운영하고, 추가로 가게 보증금과 기계 구입비 정도만 있으면 될 것 같아요. 한국 돈으로 한 1천만 원 정도면 충분해 보여요. 수익은 저랑 5:5로 나누고요."

일단 엄청나게 큰 금액을 부르지는 않는구나 하는 생각이 들었다. 혹시나 해서 일단 가이드를 보내고 몽골 내 법무법인에 근무하는 지인을 통해 빠르게 확인해봤다. 일단 보증금만 500만 원 정도 드는데 하다가 망해도 보증금은 회수가 가능하단다. 장비와 인테리어비 500만 원 정도만 매몰비용이었다.

그다음 날 아침, 숙소로 픽업을 온 가이드에게 물었다.

"봐둔 가게 자리가 어딘가요?"

"울란바토르 시내에서 가장 번화한 곳은 아니지만 유동인구와 배후 거주지가 많은 1층이에요."

"그렇군요."

인근 중개업소로부터 매물이 나와 있는지 확인도 해봤다. 번화가는 아니었지만 유동인구는 충분해 보였다. 가격도 적당해서 망해도 큰 타격이 있는 자리는 아니었다. 한수에게 다시 물었다.

"그런데 전 한국에 있고 피자집은 몽골에 있는데 매출이나 순익을 어떻게 확인하나요?"

"매장 내 곳곳에 CCTV를 설치하고, 결제는 포스기를 달아서 하면 되죠. 물론 현금 결제는 서로 믿는 수밖에 없고요."

"알았어요. 일단 한국에 가서 다시 생각해볼게요."

"네, 연락주세요."

참고로 피자집 사업은 결국 하지 못했다. 아니, 못한 것이 아니라 하지 않기로 했다. 내 머릿속에도 행동경제학의 리스크 회피 경향과 현상유지편향이 발동된 것이다. 단순히 생각하면 잃어버려도 되는 정도의 위험이니 해보는 것도 나쁘지 않았을 것이다. 하지만 이런저런 이유와 핑계로 선뜻 나서기가 쉽지 않았다. 결정적인 원인은 거리와 시간이었다.

당시 내 머릿속의 변명은 이러했다. 피자집을 하다 보면 예상과 다르게 여러 변수가 생긴다. 동업을 하면 각자 생각과 욕심이 다를 것이고 상의할 일이 생기기 마련이다. 전화나 문자로도 상의할 수 있지만 직접 만나서 결정할 부분도 있을 것이다. 그러려면 4시간 가까이 비행기로 날아가야 한다. 비행기를 타고 몽골까지 간다고 끝이 아니다.

공항에서 수속을 거치고 도착해서도 시내까지 1시간 정도 소요된다. 결정적으로 당시에 몽골은 반드시 비자가 필요했다. 갈 때마다 한남동에 있는 몽골대사관을 경유해야 했다. 학생을 가르치는 일뿐만 아니라 여러 가지 활동을 하는 입장에서는 사실 말이 안 되는 일 벌리기였다.

이때 스스로 절절히 느낀 대목이 하나 있다. 부동산 투자자들이 흔히 느끼는 의구심과 공포심, 즉 자신이 잘 알지 못하는 지역에 투자할 때 느끼는 막연한 감정을 어렴풋이 경험한 것이다. 나조차도 여기에서 자유롭지 못했다.

다른 사례를 살펴보자. 사교성이 좋은 사람도 있지만 그렇지 못한 사람도 많을 것이다. 이런 유형의 사람은 인간관계에 있어 슬로 스타터에 해당한다. 나이와 성별을 불문하고 수줍음이 많은 사람은 처음엔 모임이나 활동에서 조용하지만, 시간이 지나 그룹에 익숙해지면서 점차 적극적인 모습을 보인다. 그러다가 다른 모임이나 단체에 소속되어 새롭게 시작하면 다시 동일한 패턴이 반복될 것이다. 어쩌면 새로운 인간관계를 맺는 시도 자체에 거부감이 있을 수 있다.

대부분의 부동산 투자자 역시 이와 비슷하다. 유망한 지역도 내가 모르거나 익숙하지 않으면 무조건 투자 기각이다. 설득력 있는 논리와 팩트체크로 생각이 달라지는 사람도 있지만 확률은 지극히 낮은 편이다. 대부분의 부동산 투자자는 내가 모르는 지역에 투자하는 것을 화성(Mars)에 투자하는 것처럼 생각한다. 그만큼 생경함과 두려움을 느낀다.

어느 강연장에서 다음과 같이 강의를 했다.

"거시적인 환경이 긍정적이지 않으면 전반적으로 어려움이 있습니다. 다만 교통이나 주변 인프라가 획기적으로 개선되는 지역이라면 관심을 갖고 지켜보는 것이 좋습니다."

그때 어느 분이 손을 들어 질문을 한다.

"선생님, 그런 지역을 구체적으로 이야기해주시면 안 되나요?"
"네? 사실 너무 많아서요. 그래도 용기를 내서 질문을 주셨으니 말씀드리면 A지역이 대표적입니다. 조금 더디기는 하지만 GTX역이 들어설 예정입니다. 실제로 GTX가 들어온다면 일반 지하철이 들어서는 부분과는 차원이 다릅니다. 가장 빠르게 고용의 중심지로 이동이 가능하니 부동산 침체기에도 조정을 덜 받을 것이고, 상승기 때는 시장수익률을 초과하는 가격 흐름이 이어질 것입니다."
"하지만 제가 살아본 지역도 아니고, 연고도 없어서 약간 꺼려지는데요."
"네, 충분히 그럴 수 있죠. 이해합니다. 실례지만 지금 거주하는 곳이 어디인가요?"
"B지역이에요."
"네? A지역 바로 옆에 있는 지역 아닌가요?"
"네, 그래도 그쪽은 잘 안 가던 곳이에요."

> "그럼 몇 가지 여쭤볼게요. 혹시 A지역을 갈 때 여권이 필요한가요?"
> "아니요."
> "그럼 비자는요?"
> "아닙니다."
> "혹시 사용하는 언어가 다른가요?"
> "물론 아니죠."
> "혹시 지구가 아닌 다른 행성, 이를 테면 화성인가요?"
> "하하! 그건 더더욱 아니죠."
> "그럼 뭐가 문제인가요?"

바로 옆에 있는 동네임에도 투자를 꺼리다니. 극단적인 현상유지편향일 수 있다. 하지만 강연을 하다 보면 "낯선 지역이라 선뜻 투자하기가 어려워요." 하는 말을 정말 많이 듣는다.

*"훌륭한 왼손투수가 있다면 지옥에서라도 데려와야 된다."*

야구계의 격언이다. 투수나 타자나 모두 오른손잡이의 비율이 높다. 강력한 오른손투수에게 오른손타자는 좋은 타율을 만들기 어렵다. 간혹 피나는 연습을 통해 오른손투수가 던지는 공을 편하게 칠 수 있는 왼손타자로 전향하는 경우가 있다. 이러한 현상으로 유소년 야구계에서는 어린 선수들을 처음부터 왼손잡이 타자로 훈련시키기 시작했고, 그 결과 많은 왼손타자가 배출되었다. 좋은 왼손타자가 늘어나면서 이번에는 다시 왼손타자에 대응할 수 있는 좋은 왼손투수가 필요해졌다. 그러나 타자와 달리 오른손 투수가 갑자기 왼손투수가 되기란 어렵다. 선천적인 왼손잡이 투수는 오른손잡이 투수에 비해 드물다. 그러다 보니 훌륭한 왼손투수가 있다면 지옥에서라도 데려와야 된다는 이야기가 격언처럼 퍼졌다.

    부동산 투자를 돈의 관점에서 본다면 내가 익숙하고 아는 곳이 아니라, 수익이 극대화되는 지역을 고려하는 전략을 세워야 한다. 그 지역이 낯설더라도 가치가 있다면 투자하는 것이 맞다. 솔직히 말해서 돈에는 이름이 없고, 출신이 없다. 광주, 대구, 대전이라 해서 유통되는 돈이 서울과 다르지 않다. 그러나 대부분의 부동산 투자자는 돈의 색깔이 다르다고 생각하는 것 같다. 그만큼 지역을 철저히 구별하는 것처럼 보인다. 자신이 모르는 지역이면 일단 위험하다고 생각하는 경향이 있다.

# 떴다방의 출현

## 떴다방이 뭐길래

'떴다방'은 어디에 출몰했다는 의미의 '떴다'와 중개업소를 뜻하는 '방'의 합성어다. 흔히 아파트 분양 현장을 돌아다니며 영업하는 가설 형태의 업소를 의미한다. 파라솔과 천막으로 상징되는 곳이기도 하다.

떴다방의 영업 형태는 크게 두 가지다. 첫째, 주택청약통장을 프리미엄(웃돈)을 주고 사서 청약에 당첨되면 가격을 높여 분양권

> **여기서 잠깐!**
>
> **떴다방이란?**
> 아파트 분양권을 전매하고자 모델하우스 주위에 진을 친 중개업자를 가리키는 말이다. 주로 인기 지역 아파트 분양사무소 앞에 간이사무실을 펼쳐서 계약자들을 대상으로 분양권 전매를 알선한다. 대한민국 부동산 역사에서 미등기 전매가 처음 등장한 것은 1950년대지만 본격적으로 대두된 것은 1960년대다. 웃돈을 통한 이와 같은 거래는 적절한 가격 형성을 교란시키는 한편, 비정상적인 가격 거품을 유발하는 등 사회적 폐해를 발생시킨다.

을 판매한다. 물론 불법이다. 둘째, 아파트 청약 당첨자에게 소위 '딱지'라고 불리는 당첨권을 웃돈을 주고 사서 더 높은 금액에 되판다. 이 역시 불법이다.

대법원은 이러한 떴다방의 행위를 이중 영업 행위로 규정하고 중개업 등록 취소 등을 판결한 바 있다. 그럼에도 일정한 시기가 되면 지역별로 우후죽순 나타나곤 한다.

떴다방은 불법으로 분양권을 전매하거나 바람잡이 역할을 하기도 한다. 심지어 미분양(미계약) 물량을 건설사 등과 공모해 은밀히 확보한 뒤 프리미엄을 붙여 되파는 방식으로 이익을 챙긴다. 이 과정에서 불법적인 원장정리(원 계약서를 없애고 새 계약자 명의로 계약서를 다시 작성하는 것)도 거리낌 없이 자행된다. 인기 지역에서는 청약 당첨 분양 계약자들에게 프리미엄을 얹어주고 매수자를 연결해준다. 정상적으로는 전매가 되지 않지만 개의치 않는다. 프리미엄을 지급한 불법 분양권 매수자를 안심시키기 위해 원계약자와 투자자 사이에 공증을 한다. 추후 분양대금은 매수자가 대납한다. 공증은 당사자 사이만 유효하고 제3자에게 대항할 수가 없다. 당사자 사이에도 약속이 깨지기도 한다.

그 지역이 얼마나 인기 있는 지역인지는 떴다방의 숫자로 가늠되기도 한다. 건설사나 시행사는 공정하게 분양을 진행하더라도, 떴다방들이 모델하우스에 오는 것을 은근히 반기곤 한다. 현장 분위기를 긍정적으로 띄우는 데 도움이 되기 때문이다. 건설사나 시행사가 암암리에 떴다방을 유치하려 해도 무조건 형성되는 것은 아니다. 적어도 시장 전반 또는 해당 지역 부동산 경기가 좋아야만 한다. 분양가보다 추후 더 높은 가격이 형성될 수 있다는 기대감 있는 지역이거나 시황이 좋아야만 한다. 일반적으로 전체적인 부동산 가격 상승이 이뤄지는 시기에 떴다방이 성행한다.

떴다방은 부동산 시장이 상승하는 초반부에는 형성되지 않는다. 누구나 부동산 가격 상승을 의심하지 않는 활황기에 출현한다. 한편 떴다방 열기가 뜨겁다는 기사가 심심치 않게 나오면 부동산 가격 상승의 꼭짓점이 얼마 남지 않았거나 이미 상투라는 방증일 수 있다.

처음부터 무자격으로 영업하는 떴다방은 불법행위에 대한 벌금 외엔 특별한 제재를 부과하기 어렵다. 기존 중개사무소 역시 중개사 등록 취소 등 행정처분 대상이지만 크게 두려워하지 않는다. 등록이 취소되면 자격증이 있는 다른 중개사의 명의를 대여해서 운영하면 그만이란 식이다. 여러 가지 불편함이 있지만 단기적인 현금 수입을 위해 제재를 불사한다.

## 떴다방과 행동경제학

행동경제학에서 바라본 떴다방은 현재편향(Present Bias)을 우선하는 행동에서 비롯된다. 현재편향은 미래의 이익보다 현재의 이익을 더 중요시하는 경향이다. 수요자가 어떤 심리로 떴다방을 이용하는지 살펴볼 필요가 있다. 떴다방을 찾는 수요자가 없으면 떴다방은 근절될 것이기 때문이다. 수요자의 심리를 세분하면 크게 두 가지로 나뉜다.

**1. 즉각적인 보상 선호**

부동산 투자자 중 장기적인 가치 상승보다는 즉각적인 이익을 선호하는 계층이 있을 수 있다. 장기 보유하면 더 높은 수익을 기대할 수 있지만, 시일이 오래 걸리고 또 중간에 예측 불가능한 변수도 생기기 마련이다. 이런 불확실함을 피하고자 떴다방을 찾는 것이다. 사람들은 먼 미래의 목돈보다 손에 잡히는 작지만 확실한 이익에 끌린다. 떴다방은 바로 그 틈을 파고든다.

떴다방 이야기와 조금 다른 이야기다. 즉각적인 보상을 기대하다가 잘 안 풀린 사례다. 2008년 어느 무더운 여름, 학생과 문자로 주고받은 내용이다.

'교수님, 실례를 무릅쓰고 문자로 질문을 드립니다. 주변에서 다들 분양권 전매로 돈 벌었다는 이야기만 들려서 마음이 조급해지는데요. 이번에 인천 청라지구에 국민주택 규모 면적을 초과하는 46평형 아파트 청약을 하려합니다. 괜찮겠죠?'

'네, 안녕하세요. 실거주용 청약인가요?'

'아니요. 당첨되면 바로 분양권 전매를 하려고 해요. 제가 살고 있는 부평 쪽과 멀기도 하고요. 20~30평대 청약은 너무 경쟁이 치열해서 그나마 40평대는 가능성이 있어 보입니다. 주변 이야기로는 4천만~5천만 원 정

'도는 프리미엄이 붙는다고 하네요.'

'선생님, 그 지역은 요즘 공급이 너무 많고 심심치 않게 일부 미분양도 나오던데요. 또 최근에 시장이 너무 과열되어서 불안하기도 합니다. 남들이 돈을 많이 벌었다는 소문이 계속 돌고 있다면 혹 끝물일 수 있지 않을까요? 실거주 목적이라면 가격이 떨어져도 거주하면서 오래 보유하다가 기회를 봐서 매도할 수 있지만, 투자 목적이라면 조금 위험성이 있어 보입니다.'

'실거주하기에는 제가 가지고 있는 현금이 별로 없어서요. 딱 청약 신청금 정도만 가용 가능합니다.'

'일단 저는 반대입니다. 제가 말려도 본인 판단으로 청약 여부를 결정하겠지만 썩 내키지는 않네요.'

'네, 조언 감사합니다.'

문자로 질문하신 분은 청약에 당첨되셨다. 예상했던 것보다 청약경쟁률이 적었고, 좋은 층을 기준으로 1천만 원 정도 초기 프리미엄이 형성되었다. 질문자는 재차 팔지 말지 물었고, 나는 다시금 부정적인 의견을 제시했다. 그러나 프리미엄이 만족스럽지 않고 청약권리가 사라지는 것을 두려워한 나머지 대출을 받아 덜컥 계약을 체결하고야 말았다. 6개월 정도 기다렸다가 프리미엄이 상승하면 빠져나올 계획이라 했다.

시간이 흘러 서브프라임 모기지 부실과 리먼 브러더스 파산의 여파로 국제적인 금융위기가 시작되었다. 프리미엄은 마이너스가 되었고, 연말에는 분양가보다 5천만 원 저렴한 분양권 매물이 쏟아졌다. 시간이 지나자 프리미엄이 마이너스 1억 원인 매물도 나왔다. 손해를 볼 수 없었던 투자자는 청약 당시 조건이었던 중도금 무이자 대출을 활용해서 입주 때까지 분양권을 유지했다.

3년 뒤 입주 시기가 다가오자 마지막 중도금과 잔금을 대출 없이 치러야 했다. 단기 전매를 목적으로 투자했으니 당연히 자금 마련이 쉽지 않았다. 신도시의 경우 전세를 놓아 충당하기도 쉽지 않다. 신도시답게 초기에는 대규모 전세물량이 쏟아지기 때문이다. 한시라도 빨리 임차인을 구해야 하는 분양권 보유자의 마음은 조급해진다. 급기야는 20평대도 전세 8천만 원, 30평대도 전세 8천만 원, 40평대도 전세 8천만 원, 50평대도 전세 8천만 원에 매물이 쏟아지는 진귀한 장면이 연출된다.

이후 해당 아파트가 본래 분양가로 회복하기까지 상당한 시간이 걸렸다. 그동안 이자 부담은 눈덩이처럼 커졌고 마음고생도 뒤따랐다. 손절매할 상황에서 과감히 포기하지 못한 의사결정의 산물이다. 일반적으로 얻지 못해 비교되는 박탈감보다는 잃어버리는 고통이 훨씬 강하다. 비합리적인 결정임에도 부정적인 결과를 기꺼이 감내하는 이유이기도 하다.

## 2. 비용 회피

부동산을 투자하는 것은 취득 시 소요되는 비용, 보유세, 수리비 등이 수반된다. 심리적 귀찮음, 불편함, 지불금 부족 등의 이유로 단기적인 거래를 선호할 수 있다.

강연 중에 한 학생이 손을 들어 질문했다.

"교수님, 부동산의 단기적인 거래에 대해 여쭤봐도 될까요?"
"네, 말씀하세요!"
"부동산 경매의 경우 저렴하게 구입할 수 있는 방법인 것 같은데, 금액이 큰 아파트보다는 빌라 등을 낙찰받아서 잘 수리해서 바로 팔아 현금 유동성을 확보하는 것은 어떨까요?"
"선생님의 선택이기는 한데 그 경우 차익이 남아도 양도소득세가 만만치 않을 텐데요. 취등록세와 수리비도 있어서 실제 수익이 만족할 만큼 나올지 의문이네요."
"맞는 말씀이지만 투자금이 장기간 잠기는 것보다는 작은 이익이라도 실현하는 게 효율적이지 않을까요? 차익이 적어도 열심히 건수를 늘리면 나쁘지 않아 보이는데요."
"질문하신 내용은 이론적으로 가능은 하지만 우려되는 지점이 있습니다. 매수 또는 경매 낙찰 후 본인의 의도처럼 쉽게 매각이 가능해야 합니다.

> 그런데 부동산 시장은 은근히 변수가 많아서 원하는 시점에 매매가 안 되면 곤란할 수 있습니다."
> "싸게 사서 싸게 팔면 되지 않을까요?"
> "일단 저 개인적으로는 단기적인 부동산 투자를 선호하지 않습니다. 단기적인 가격 차익이 아니라 중장기적인 비전을 보고 투자하는 가치투자가 적성에 맞기도 하고요. 실제로 단기 매매로 좋은 수익을 거둔 투자자를 거의 본 적이 없습니다."
> "그렇군요! 좀 더 생각해보겠습니다."

부동산 관련 강연을 하다 보면 의외로 '단기 투자'에 관한 질문의 빈도가 높다. 하루라도 빨리 결과를 얻고 싶은 그 급한 마음을 이해하지 못하는 것은 아니다. 아마도 단기간에 종잣돈을 키우고 싶다는 욕심에서 비롯된 일일 것이다.

보통 마음이 급한 사람은 부동산에 대해 고민하고 공부한 기간이 짧은 경우가 많다. 이런 질문을 하는 이들은 아직까지 부동산 투자로 의미 있는 성과를 경험하지 못했을 가능성도 있다. 반면 스스로 학습하고 고민해서 투자에 성공한 사람들은 자신만의 방식과 흐름을 유지하려는 경향이 강하다.

마음이 급한 이러한 유형의 사람들은 대부분 현금 유동성이 최고의 가치라고 포장하며 단기 매매의 당위성을 주장한다. 사실 부동산뿐만 아니라 다른 모든 투자자산도 마찬가지다. 불나방처럼 뛰어들어 단기적으로 수익을 내기란 정말 쉽지 않다.

# 2장.
# 행동경제학으로 바라본 부동산 투자 ①

01. 풍선효과와 행동경제학
02. 부동산 규제와 풍선효과
03. 실거래가격과 행동경제학
04. 몸테크와 행동경제학
05. 1층 상가에 투자하는 이유
06. 기획부동산에 속는 이유

# 풍선효과와 행동경제학

풍선효과(Balloon Effect)란 한쪽을 누르면 다른 쪽이 튀어나오는 현상으로, 규제의 역효과를 설명할 때 자주 인용되는 비유다.

경제적 측면에서는 과열된 시장을 억제하기 위해 정부가 강력한 규제정책을 실시했을 때, 상대적으로 규제가 약한 분야나 지역으로 과열이 옮겨가는 현상을 뜻한다. 최근 한국의 부동산 시장에서도 이 풍선효과에 대한 언급이 부쩍 늘고 있다. 풍선효과가 심화되면 정부 정책이 의도한 시장 안정 효과를 크게 반감시키고, 오히려 투기 수요를 부추길 수 있다.

> **여기서 잠깐!**
>
> **풍선효과란?**
> 어떤 문제를 해결하면 다른 어떤 문제가 불거지는 현상. 본질적인 문제를 해결하지 못하는 임시방편적 조치가 오히려 상황을 악화시킬 때 드는 비유다. 마약 밀수입 문제로 골머리를 앓던 미국은 마약을 유통하는 것으로 의심되는 중남미 몇몇 국가를 대상으로 통관절차를 강화하는 등 강력한 단속작업을 벌인다. 그러나 범죄자들이 다른 중남미 국가로 활동무대를 옮기면서 결과적으로 마약 근절에 실패하고 만다. 여기서 풍선효과라는 말이 유래되었다.

부동산 시장에서의 풍선효과는 두 가지 측면으로 분류해볼 수 있다.

첫째는 차선의 선택과 관련이 있다. 선택할 수 있는 최선은 아니지만 그에 버금가는 투자처를 찾는 행위다. 둘째는 정부의 규제 정책이다. 정부 규제가 오히려 과열을 촉진시켜 풍선효과로 이어지는 부분이 있다. 두 가지 측면 모두 부동산 상승기 때 발생한다는 공통점이 있다.

행동경제학적으로 풍선효과는 해석이 매우 명확하게 정의되어 있다. 전반적으로 부동산 시장의 풍선효과는 사회적으로 바람직하지 못한 결과를 가져온다. 특정 지역 부동산 가격이 급등하고 인접 지역으로 가격 상승이 확산되면서 지역 간 경제적 불균형이 발생한다. 주거비용이 급등하고 주택 소유가 어려워지면서 사회 전반의 불평등 구조가 더욱 고착화된다.

## 차선의 선택과 풍선효과

특정 지역이나 유형의 부동산 가격이 상승할 때 비교적 저렴한 다른 지역이나 유형으로 수요가 이동하면서 그곳의 가격까지 상승하는 현상이 벌어진다. 선호지역의 가격이 지나치게 올라 구매가 힘들어지면, 더 저렴하면서 조건이 비슷한 쪽으로 매수세가 몰린다.

### 1. 제한된 합리성

모든 정보를 완벽히 이해하고 분석할 수 있는 능력을 가진 투자자는 극히 드물다. 이러한 제한된 합리성(Bounded Rationality)으로 인해 특정 부동산 가격이 상승하면 아직 덜 오른 소외된 지역에 투자하는 것이 합리적이라고 생각한다. 최우선 선택지가 아닌

차선 또는 차차선을 선택하다 보면 실수가 나올 수 있는데, 이 부분에 대한 고민은 거의 하지 않는다.

"교수님! 원래 A지역 아파트를 수년 전부터 매수하려고 했는데요. 제가 약간 시기를 놓친 것 같아요. 요즘 너무 올라서 제 자금으로는 이제 매수가 어려워졌어요. 그냥 가만히 있기는 뭐해서 B지역 아파트를 보고 있는데 어떨까요?"

"앞에 말씀하신 A지역 아파트는 누구나 선호하는 지역과 물건이죠. 그런데 B지역 아파트는 그렇게 보이지 않아요. 예전부터 두고 보던 아파트인가요?"

"아뇨. B지역 아파트는 쳐다보지도 않았죠. 다른 아파트가 너무 올라서 부담스러워서요. B지역 아파트는 아직 많이 오르지 않았고 제 여력으로도 충분히 투자가 가능하거든요."

"말씀대로 B지역 아파트는 선호지역이 아닙니다. 그런데 투자 열기가 너무 달아올라서 평소 인기 없던 지역도 풍선효과처럼 가격이 오르는 것 같아요. 사견을 물어보신다면 차선까지는 그래도 안전한데 말씀하신 곳은 차차선 정도로 보입니다."

"어려울까요? 이미 늦었나요?"

"그런 부분도 있고, 가격이 조정되는 시기가 분명히 올 텐데 그때는 B지역이 가장 먼저 영향을 받을 거예요. 교통과 주변 환경이 다소 불편하잖아요. 가격이 오를 때나 내릴 때나 사람들이 좋아하는 지역, 선호하지 않는 지

> 역의 위치는 바뀌지 않습니다."
>
> "그러니까 조금 위험할 수도 있다는 뜻일까요?"
>
> "누가 오르고 내리는 시기를 정확히 알겠어요. 다만 선호지역은 내리더라도 조정을 덜 받을 것이고, 그렇지 않은 지역은 조정을 크게 받을 거예요."
>
> "하아, 어렵네요."

## 2. 확증편향

행동경제학이 바라본 부동산 투자자의 모습은 신념이나 가정을 확인시켜주는 정보만을 선택적으로 받아들이려는 경향이 있는 사람이다. 확증편향은 자신의 믿음으로 인해 그와 반대되는 정보를 무시하거나 간과하는 경향이다. 예를 들어 X라는 지역의 부동산 가격이 오르면 사람들은 Y지역도 상승할 것이라는 믿음을 갖는다. 그리고 실제로 Y지역의 가격이 상승하게 되면 긍정적인 정보에만 주목해 과도하게 높은 가격을 받아들이는 결과를 초래한다.

나는 몇 차례의 부동산 투자 열풍을 지켜봤다. 이런 시기에는 아무리 신중하자고 말려도 사람들은 들으려 하지 않는다. 경계심을 이야기하면 오히려 의아하다는 시선을 보낸다.

투자 열기가 너무 과열되었다고 판단되는 시기가 몇 번이나 있었다. 가르치는 직업, 특히 부동산을 가르치는 직업은 정말 많은 질문을 받는다. 시장 상황이나 타인의 말, 언론에 휘둘리지 말고 정확한 가치투자를 해야 한다고 아무리 강조해도 "부동산 언제 올라요?" "집을 언제 사야 되나요?" "언제쯤 파는 것이 좋을까요?" 하는 질문을 받는다.

부동산 경기 과열 장세에서는 리스크를 고려하고, 보다 세심하게 지역을 골라야 한다고 재차 강조한다. 그러나 이러한 조언을 해도 대부분은 '네가 뭐래도 난 계약할 거야' 하는 반응이다. 물론 이런 말을 직접적으로 내뱉는 무례한 분은 만나지 못했지만 가끔은 눈빛이 내게 그렇게 말한다.

"교수님, C지역 부동산 투자해도 괜찮겠죠?"
"음, 지금은 너무 과열인데요. 금리도 곧 오른다고 하니 신중하게 생각해 보세요."
"네, 그렇긴 하죠."

나와 질문자 사이에 잠깐 침묵이 흐른다. 그 순간 느껴진다. 상대도 눈빛으로 말하고 있고, 나도 눈빛으로 말하고 있다.

'지금 안 사면 언제 법니까? 남들도 다 벌고 있구만! 오를 때 바짝 벌었다가 치고 빠지면 되잖아요.'
'허허, 위험해 보이는데요. 이미 너무 늦었어요. 하늘 꼭대기까지 오르는

'자산이 어디 있겠어요?'

'교수님은 선생이니까 보수적으로 이야기하는 거잖아요.'

'누가 무조건 투자하지 말래요? 투자는 어차피 차익을 노리는 게임이잖아요. 지금은 설령 더 올라도 먹을 파이가 작잖아요. 최소한 지금은 공격적으로 투자할 시점은 아니라는 거죠.'

침묵 속에서 이러한 눈빛 대화가 오간 다음, 질문자는 가벼운 목례를 하며 인사를 한다.

"교수님 말씀 잘 참고할게요."
"네 그러세요."

## 3. 정신적 회계

부동산은 말 그대로 부동산이라는 자산일 뿐인데 지역이 바뀌면 전혀 다른 분리된 계정으로 인식하는 경향이 있다. 이를 정신적 회계(Mental Accounting)라고 한다. 특정 지역의 부동산이 규제되면 투자자들은 다른 지역의 부동산을 별개의 투자로 인식하고 보다 적극적으로 투자를 실행한다. 이로 인해 부동산 시장의 과열을 초래한다.

## 4. 사회적 증거

사회적 증거(Social Proof)는 부동산 투자자가 다른 투자자의 행동을 보고 편승하는 것을 말한다. 향후 시장에 대한 전망이 불확실하거나 정보가 충분하지 않을 때 심화된다. 특정 지역에 부동산 투자자가 몰리면 나도 참여해야겠다는 생각을 한다. 이러한 현상이 심화되면 급격히 수요가 증가하면서 해당 지역의 가격이 폭증한다. 사회적 증거는 군중심리와도 관련이 있다. 군중심리가 심화되면 실제 가치보다 가격이 과도하게 올라 거품 현상을 일으킬 수 있다. 투자에 나서지 못한 사람들은 조급한 마음을 억누르지 못하고 '꿩 대신 닭'이라는 심정으로 덜 오른 인근 지역에 투자하기 시작한다.

흔히들 부동산 가격의 상승은 서울 강남권부터 시작된다고 한다. 부동산 가격이 잠잠하다가 강남, 서초, 송파의 대단지 신축 아파트를 필두로 가격이 상승하면서 반등의 신호가 나타난다. 언론에서도 이 부분이 언급된다. 같은 지역의 구축도 함께 가격이 꿈틀거리기 시작한다. 국지적이지만 거래량이 꽤나 증가한다. 초기 상승에 편승하지 못한 투자자들은 인근 지역으로 재빠르게 눈을 돌린다. 강동, 성수, 동작, 용산, 마포 등이 대표적이다.

상승장에 올라타지 못하는 것은 아닐까 하는 걱정은 늘어나고, 후발 주자들은 한강변 지역을 포기하고 'IN서울' 전역으로 눈을 돌린다. 더 이상 서울 지역에 얼마 이하의 아파트는 없다는 식의 기사가 보도된다. 이쯤 비수도권 선호지역의 가격이 급반등한다. 수도권이라면 하나라도 빨리 잡아야 한다는 이야기가 설득력을 얻는다. 고용이 밀집되어 있는 강남권과 가까우면서 서울이 아닌 곳을 집중 공략한다. 그 결과 판교, 분당, 광교, 안양 등이 경기도에서 가장 빠르게 가격이 상승한다.

이 시기를 또 놓친 사람들은 용인, 화성 동탄, 고양 일산, 부천 중동, 남양주, 구리, 시흥 등에 투자한다. 이쯤 되면 부동산 보유자들은 더 높은 가격 상승을 기대하며 매도할 매물을 회수하거나 매도를 보류한다. 수요에 비해 공급물량이 급격히 감소하고, 모든 지역에서 부동산 매물 절벽현상이 나타난다. 인천, 경기, 의정부, 양주, 동두천, 포천 등도 가격이 오른다.

그러나 냉정히 따져봐야 할 점은 풍선효과가 아무리 인근 지역으로 투자 수요를 전이시킨다 해도 그 확장은 무한하지 않다는 것이다. 분명 한계가 있다. 사회적 증거로 작용하는 군중심리를 다르게 해석해보면, 군중심리는 상승기뿐 아니라 하락기에도 강력하게 작용해 공포를 확산시킬 수 있다.

2019년 초, 수도권 어느 지역에서 일반인을 대상으로 부동산 시황에 대한 특강을 할 때다. 강의 중간쯤에 한 분이 손을 들어 공개적인 질문을 한다.

"교수님, 최근 부동산 동향에 대해 잘 듣고 있어요. 여기에 모인 사람들은 대부분 같은 지역에 거주하고 있어요. 서울이나 주변 수도권 지역은 이미 2배나 올랐다고 기사를 봐서 다들 알고 있어요. 그런데 저희 지역은 소외감이 느껴져요. 조금씩 반등은 했지만 앞으로의 향방에 대해 어떻게 생각하세요?"

질문자의 목소리가 절절했다. 그에게 동조하는 끄덕임도 강연장 곳곳에서 보인다. 솔직히 말해야 할지, 아니면 듣기 좋은 희망을 이야기해야 할지 내심 고민했다. 왜 그랬는지는 모르겠는데 순간적으로 희망적으로 이야기하는 게 좋겠다는 생각이 들었다.

"네, 좋은 질문이네요. 중장기적인 관점에서는 조심스럽지만 단기적으로는 다른 곳이 오른 만큼은 오를 거예요. 물론 절대적인 가격에서는 차이가 있겠지만 상승률은 비슷할 겁니다."

다른 분이 손을 들고 부연 질문을 했다.

"교수님, 그런데 같은 수도권이라도 여기는 비교적 최근에 조성된 바닷가 근처 신도시를 제외하고는 영 좋지 않아요. 구도심 쪽은 특히 잠잠하고요."

"아직은 그렇습니다. 사실 전문가로서 어떤 사안을 단정 지어 말하는 일은 언제나 조심스러운 법이지만, 오늘만은 확신을 가지고 말씀드리겠습니다. 오릅니다."

다른 분이 열기를 띠며 질문을 한다.

"혹시 근거가 무엇일까요?"
"바로 풍선효과입니다. 가격 상승 시기가 얼마 안 남은 것 같네요."

어쩔 수 없는 의심의 눈초리가 강의실에 가득하다. 강의가 끝나고 약 1년 후, 예측대로 해당 지역의 웬만한 아파트는 저점 대비 2배 가까운 실거래가를 기록했다. 그 지역은 바로 '인천'이다.

## 5. 손실회피

행동경제학의 중요한 원칙 중 하나가 손실회피(Loss Aversion)다. 손실회피가 풍선효과를 촉진하는 중요한 역할을 하기도 한다. 부동산 투자자는 동일한 금액일 경우 이익보다 손실에 더 민감하게 반응한다. 이러한 손실회피성향은 가격이 이미 오른 지역에 대한 추가 투자를 꺼리게 만드는 요인으로 작용한다.

예를 들어 어떤 지역의 부동산 가격이 급등하면 '이미 너무 올랐으니 지금 들어가면 손해를 볼 수 있다'고 생각해 보수적으로 접근한다. 그러다가 아직 가격이 덜 오른 인근 지역으로 시선을 돌린다. 그로 인해 주변 지역까지 가격이 오르게 된다.

2021년 가을, 꽤 오랫동안 알고 지낸 분과의 대화다.

"교수님, 정말 요즘 집값이 너무 올랐어요."

"네 맞습니다. 너무 오르면 바람직하지 않죠. 소득 증가에 비해 집값이 과도하게 상승하면, 근로 의욕이 낮아지고 사회적 소외감이 심화되어 공동체의 안정적 유지에 악영향을 미칠 수 있습니다."

"네, 저도 가만히 있기는 그래서 뭐라도 하려고 하는데요."

"선생님, 그동안 부동산엔 관심이 없으신 줄 알았는데, 오늘 말씀은 꽤 진지하게 들리네요."

"요즘 분위기가 워낙 그래서요. 이번에 처음이자 마지막으로 F지역 아파트를 투자 목적으로 사려고 하는데 괜찮을까요? 전세를 안고 사려고 합니다."

"F지역은 주요 고용 중심지로부터 거리도 있고, 교통도 썩 좋지 않아서요. 좀 그런데요."

"저도 알고 있습니다. 하지만 나름 단지 규모도 있고, 내부 커뮤니티 시

설도 잘 되어 있어서요. 무엇보다 인근 H지역은 너무 올라서 지금 들어가는 건 뭔가 손해 보는 기분이 들어요."

"적절한 비유일지 모르겠지만 최선만이 언제나 옳고, 차선은 언제나 최악이란 말이 있습니다. 좋은 투자자는 언제나 최선만을 선택하고 차선은 배제한다고 하죠."

"아무리 생각해도 H지역은 지금 너무 비싼 것 같은데, 그럼 어떻게 하는 것이 좋을까요?"

"음, 기다리시는 것이 맞죠."

손실회피는 단순히 손해를 피하려는 행동만을 뜻하지 않는다. 자신의 기준보다 더 비싼 값을 감수하는 것 역시 손실을 피하려는 역설적인 심리에서 비롯된 것이다. 이 같은 심리가 풍선효과를 부추기는 요인 중 하나가 되기도 한다.

# 부동산 규제와 풍선효과

정부의 규제나 통제는 부동산 시장을 안정화시키겠다는 취지에서 이뤄진다. 그러나 부동산 시장을 억제하려는 규제가 시행되면, 아이러니하게도 풍선효과가 나타나면서 오히려 가격이 오르는 '규제의 역설'이 발생하는 경우가 많다. 정부의 규제가 가격을 더 키운다는 말이 있을 정도다.

돌이켜보면 규제 무용론이 설득력 있는 주장으로 보이기도 한다. 그러나 부동산 가격, 특히 주택 가격이 상승하면 부의 불평등이 커지고 서민의 주거 안정을 해하게 된다. 이로 인해 사회 전반으로 불만과 갈등을 야기할 수 있고, 계층 간 격차가 커지면서 건전한 공동체가 파괴될 수도 있다.

당연한 이야기지만 정부는 가격이 상승할 땐 가격을 안정화시키는 규제책을 펼치고, 가격이 침체되었을 땐 가격을 올리는 부양책을 펼쳐야 한다. 비난이 늘어나도 정부는 정부로서의 역할을 다할 뿐이다. 물론 당위성이 있다고 해서 시장이 의도대로 움직이진 않는다.

## 정부의 정책과
## 7가지 풍선효과

정부의 여러 정책이 규제의 역설을 불러오는 현상에 대해 행동경제학적으로 살펴보겠다.

### 1. 규제지역 지정

부동산 가격이 상승하면 정부가 단골 메뉴로 사용하는 정책이 있다. 바로 규제지역 지정이다. 조정대상지역, 투기과열지구, 투기지역, 토지거래허가구역 등이 그 예다. 이러한 규제지역은 관계 법령과 정부 지침에 따라 대출 제한, 부동산 관련 세금 증가 등의 조치가 이뤄진다.

규제지역으로 지정된 이후 각 지역별 가격 흐름은 크게 두 가지로 나뉜다.

첫째, 규제가 덜한 인근 지역으로 투자금이 쏠린다. 각종 규제가 적용되면 투자 여건이 어려워지므로 상대적으로 규제가 약한 지역으로 투자금이 옮겨가는 현상이 벌어진다. 전형적인 풍선효과다. 이러한 현상이 심화하면 정부는 규제지역을 점차 확대하는 등 시장을 옥죄는 정책을 계속 쏟아낸다. 부동산 경기가 활황이면 규제가 강한 지역에서 약한 지역으로 투자금이 확산되면서 가격이 급등하는 지역이 새롭게 등장하곤 한다.

둘째, 오히려 규제지역의 가격 상승이 공고해진다. 규제를 단행한 지역이 다른 지역보다 투자가치가 높고 비교우위에 있는 것이 아닌가 하는 심리 때문이다. 상황이 어려움에도 더 강한 매수 흐름을 보이곤 한다. 규제지역 발표 직후에는 정부의 강한 규제 의지를 어느 정도 수용하며 잠시 관망하는 분위기가 감지된다. 하지만 매수세가 꺾이지 않으면 투자자들은 오히려 확신을 갖고 불편한 규제를 감수하면서도 투자를 이어간다. 규제로 인한 역풍선 효과로 볼 수 있다.

부동산 업계 관계자들과 모인 자리, 다양한 이야기가 오가는 중이었다. 당시 정부가 집값 안정화 의지를 강하게 표방하던 시기였다. 지역을 규제하는 제도 등에 대해 이런저런 이야기가 오가던 중 '플랜카드' 이야기가 나왔다.

누군가 우스갯소리로 다음과 같이 말했다.

"신도시 주변부나 투기가 극심한 데를 꼽아서 지정하는 게 '토지거래허가구역'이잖아요? 얼마 전에 한 동네에 가니까 '○○동, △△동 일대는 **년 **월 **일 토지거래허가구역으로 지정되었으니 유의하시기 바랍니다'라는 플랜카드가 붙어 있더라고요. 정부가 가만두지 않을 테니 이제 이 동네는 투기하면 안 된다는 취지인데, 전 아무리 봐도 다르게 들리더라고요."

다들 묻는다.

"그럼 어떤 취지인데요?"
"이 동네는 투자하면 절대 손해 안 보는 지역이니 잘 알아들으시오!"

이 한마디에 다들 웃고 말았다.

## 2. 공급 억제

특정 지역에서 주택 공급을 제한하는 정책을 시행하면 단기적으로는 정책의 효과가 두드러질 수 있지만 중장기적으로는 어떨까?

해당 지역의 주택 가격이 상승할 수 있다.

서울에서 재개발·재건축 규제가 전방위적으로 시행되던 시기가 있었다. 재건축 추진 예정지에 대한 안전진단 강화로 사실상 재건축 자체를 억제했다. 또한 과도한 투기를 막기 위해 재건축 지역이 투기과열지역이면 조합설립인가일 이후 전매제한을 통해 수요를 억제했다. 더불어 재건축초과이익환수제과 임대주택 비율 강화를 통해 사업성을 제한하기도 했다.

이러한 규제가 막 도입되었을 때는 국지적으로 가격 제어 효과가 있었으나, 일정 시간이 경과하자 상황이 달라지기 시작했다. 공급 부족을 야기했기 때문이다. 인구가 늘어나지 않는데 무슨 공급 부족이냐고 반론할 수 있는데, 단순히 주택 총량의 문제가 아니라 꾸준히 존재하는 신규 주택 수요에 대한 문제다.

신규 주택 품귀현상이 벌어지면서 어쩌다 특정 지역에 신규 주택이 등장하면 수요가 집중되고 급격히 가격이 오르는 현상이 나타났다. 뒤이어 해당 지역의 수요가 상대적으로 저렴한 다른 구축 아파트, 즉 차선으로 선택된 주변 아파트로 뻗어나가 결과적으로 지역 전반의 주택 가격을 견인했다. 공급 억제에 따른 전형적인 규제의 역설이다.

한편으론 그럼 부동산 가격이 상승하는 시기에 정부가 단순히 시장 논리에 맞게 상황을 방치해야 하느냐고 지적할 수 있다. 결론적으로 주택 가격이 과도하게 상승하면 정부가 다방면으로 안정 정책을 펼치는 것이 맞다. 다만 가격 안정을 위해서는 규제와 더불어 꾸준한 공급이 반드시 병행되어야 한다. 특히 지역의 선택도 중요한데 고용의 중심지로부터 먼 지역에 신도시를 짓는 것이 아닌, 직장과 주거가 근접한 이른바 직주근접 지역에서 공급이 꾸준히 늘어나야 한다.

그런데 이 대목에서 다른 문제점이 있다. 개발제한구역 해제 등을 통한 신도시 건설은 기존 거주지가 아닌 새로운 지역에 공급한다는 점에서 효율성이 있지만, 직주근접 지역은 공급할 토지가 극히 부족하다는 한계가 있다. 이미 인구가 밀집된 지역에서는 공급 자체가 사실상 어려운 일이다. 해결책은 있다. 도심지역 내에 현재보다 강력한 고밀도 개발을 추진해서 꾸준히 공급을 늘리는 것이다. 어설픈 신도시 몇 개를 건설하는 것보다 이 편이 가격 안정에 더 효율적일 수 있다.

부동산 투자 또는 투기 수요를 공급으로 희석시키기 위해서는 수요 희망 지역의 공급을 늘리는 것이 옳다고 본다. 도심지역 내 공급은 가격이 오를 때 꾸준히 존재하지 않았느냐고 반문할 수도 있다. 여기서 핵심은 가격이 오를 '때'만 급한 불을 진화하는 용도로 공급을 늘리는 것이 아니라, 가격이 안정된 시점에도 장기적인 포석의 꾸준한 공급을 실시해야 한다는 점이다. 수요의 에너지가 가득한 상승장 때 공급을 늘리는 것은 또 다른 풍선효과만 양산할 수 있다.

가격이 안정화된 시기에 꾸준히 공급하는 것이 장기적인 부동산 가격 안정에도 도움이 된다. 그럼 그렇게 하면 간단히 해결될 문제일까? 결코 간단하지 않다. 부동산 정책을 다루는 정부 당국과 의사결정권자들은 단기적인 성과에 집착하는 경향이 있다. 규제든 다른 거시적인 변수든 결과적으로 부동산 가격이 안정화되면 치열했던 공급정책은 뒤로 미뤄지고 잊혀진다. 안타깝지만 이러한 패턴이 계속 반복되고 있다.

도심 공급을 가로막는 걸림돌은 또 있다. 불로소득의 발생이다. 도심 내 공급을 늘리기 위해서는 강제 수용이 불가피하다. 따라서 기존 소유권자의 협조가 필요하다. 협조를 원활하게 이끌어내는 유일한 방법은 하나밖에 없다. 소유자의 이익이 충분히 매력적이어야 한다. 소유자가 만족할 만큼 조건이 매력적이기 위해서는 해당 지역의 용적률을 늘려서 보다 많은 주택을 공급해야 한다. 공급 측면에서 보면 거주면적을 넓힐 수 있어서 좋고, 소유자는 보다 많은 이윤을 볼 수 있어서 좋다. 어떻게 보면 서로 '윈-

원'이다.

그러나 기존 소유자의 과다한 불로소득을 제한해야 하는 당위의 문제가 있다. 과도한 불로소득을 회수하는 것은 사회적 정의이고, 직주근접 지역에 효율적으로 공급을 늘리는 것은 효율적인 정책의 문제다. 둘 다 함께 할 수 있다면 매우 바람직하지만 어느 한쪽만을 선택해야 한다면 무엇이 옳은 일인지 고민해봐야 한다.

### 3. 조세 규제

부동산 가격이 오를 때 정부의 정책은 크게 네 가지 정도로 요약할 수 있다.

첫째, 금융 규제다. 금융 규제는 수요를 억제하는 정책이다. 담보인정비율(LTV), 총부채상환비율(DTI), 총부채원리금상환비율(DSR)을 제한해 투자 수요 억제책을 실시한다.

둘째, 조세 규제다. 조세 규제는 다시 두 가지로 세분된다. 보유세와 거래세 규제다. 보유세는 지방세인 재산세와 국세인 종부세로 분류되고, 거래세는 취등록세와 양도소득세가 부동산 관련 세금에 해당한다.

셋째, 도심 내 주택 공급정책이다. 이를 위해 도심의 국공유 유휴부지 개발과 용적률 등을 인상해 공급을 촉진한다.

넷째, 대규모 주택 공급이다. 도심 내 대규모 공급은 어려우므로 도심에서 가까운 그린벨트 등을 해제해 수요보다 공급을 크게 늘려 가격을 안정화시킨다.

부동산 시장이 침체되면 반대로 앞선 네 가지 정책에 대한 규제 완화를 단행한다. 대출 규제를 완화하고, 부동산 관련 세금을 감소시킨다. 정부 정책 중 풍선효과와 밀접한 관계가 있는 것은 조세 규제, 그중에서도 거래세 부분이다. 거래세가 풍선효과의 전적인 원인은 아니지만 상당 부분 기여하는 측면이 있다.

거래세를 강화하면 여러 채의 부동산에 투자하기가 어려워진다. 특히 다주택 양도세 강화가 직접적인 영향을 미친다. 다주택자 양도세 강화는 투기를 방지하고자 기존의 다주택 보유자뿐만 아니라 미래의 다주택자 수요까지 제어하는 역할을 한다.

현장에서 여러 사람의 부동산 관련 고민을 들어보면, 부동산 투자에도 나름의 포트폴리오가 존재함을 알 수 있다. 대부분은 자산을 한곳에 몰아넣기보다는 기존에 보유한 부동산을 중심으로 다소 차선의 지역이나 물건에도 분산 투자하려는 경향을 보인다. 그런데 부동산 거래세에 대한 규제가 강화되고 오랫동안 지속되면 결단을 내려야만 한다. 다주택 보유 리스크를 조금이라도 덜어내려는 생각이 쌓여간다. 보유 중인 부동산을 평가해 장기 보유해도 되는 자산인지, 아니면 적당한 시기에 매각해야 되는지 판단한다. 차선의 지역이나 물건은 매도세가 강해지면서 가격이 하락하는 반면, 소위 '똘똘한 한 채'로 불리는 핵심 자산은 상대적으로 가격이 견고하게 유지된다.

> **여기서 잠깐!**
>
> **베블런효과와 편승효과**
>
> 똘똘한 한 채에 대해 이야기할 때 베블런효과(Veblen effect)와 편승효과(Bandwagon Effect)를 빼놓을 수 없다.
>
> 베블런효과는 미국의 사회·경제학자 소스타인 베블런이 1899년 자신의 책 『유한계급론』에서 처음 언급한 용어다. 가격이 오르는데도 수요가 증가하는 현상을 말한다. 부동산 시장에서도 어떤 부동산의 가격이 상승하면 소비자 신뢰가 높아지고 소비가 활성화되는 경향이 있다. 높은 가격으로 오히려 소비자의 신뢰를 얻게 되면서 해당 부동산의 수요가 강해진다.
>
> 편승효과는 미국의 경제학자 하비 라이벤스타인이 주장한 이론이다. 밴드왜건효과라고도 한다. 밴드왜건(Bandwagon)이라는 말은 미국 서부개척시대, 금광 개발 열풍이 한창일 때 사람들이 역마차(밴드왜건)를 타고 너도나도 서부로 향하던 모습에서 유래했다. 일종의 충동구매 또는 유행에 따른 소비를 말한다. 강남권의 고가 아파트 매매가격의 고점 갱신은 여러 가지 요인에 의한 결과지만, 편승효과에 의한 매수도 일정 부분 있을 것이다.

물론 부동산 시장이 매우 활성화된 시점이면 이 부분에 대한 결심이 미뤄진다. 그러나 침체가 진행 중이면 세금에 대한 부담으로 한 채만 보유하려는 투자자가 늘어난다. 여기에 기왕이면 가장 비교우위에 있는 부동산만 남겨둔다. 신규 부동산 투자자도 별반 다르지 않다. 한 채만 매수할 예정이기 때문에 똘똘한 한 채를 추구한다.

'똘똘한 한 채'
'부동산 시장의 극단적 양극화'

이 시기에 언론 지면을 보면 이러한 문구가 눈에 크게 들어온다.

> 경기 침체와 불투명한 금리 인하 여부로 인해 부동산 시장은 어려운 시기를 겪고 있었다. 경기 침체로 소비심리가 위축되면서 매우 어려운 상황이 이어졌다. 평소 연락을 주고받던 씩씩한 기자 지인이 이렇게 물었다.
>
> "교수님, 이번에 강남 G아파트가 역대 최고점을 갱신했어요. 부동산 시장 전체를 놓고 보면 아직까지 거래 절벽인데 어떻게 해석해야 될까요?"

"자산가들의 부동산에 대한 생각이 바뀐 느낌이에요. 지역 내 똘똘한 한 채에서 전국구 똘똘한 한 채로 말이에요."

"전국구 똘똘한 한 채요?"

"네, 과거에는 지역별로 선호되는 지역이 명확했잖아요. 부산은 해운대, 광주광역시는 상무지구, 대구는 수성, 대전은 둔산 이런 식으로 말이죠. 해당 지역 거주자들은 지역 내 블루칩 지역에 사는 것을 나름의 자부심으로 생각했을 겁니다. 그런데 최근의 모습을 보면 하방경직성이 있고, 오를 때 더 오른다고 느끼는 서울의 한강벨트 또는 강남권 아파트가 안전자산이라는 인식이 전국적으로 퍼진 것 같아요."

"그럴 수 있겠네요."

"더구나 최근 강남권 부동산 매수자 중 상당수가 비수도권 거주자라는 통계가 있다는 점은, 이러한 생각이 실제 행동으로 이어지고 있음을 방증한다고 볼 수 있습니다."

"교수님, 그럼 이러한 현상이 앞으로 더 심화될까요?"

"그럴 수 있다고 봐야죠. 말씀하신 강남 G아파트 사례는 사실 전반적인 시장 흐름과는 맞지 않는 거래로 보여요. 시장은 침체인데 비싼 집은 더 오르고 잘 팔리는 것이니까요. 일종의 베블런효과와 편승효과라고 봐야죠."

"아 네!"

"베블런효과를 설명할 때 흔히 명품 마케팅 사례를 많이 인용하잖아요. 강남권 아파트의 경우 남들과 차별화된 명품을 구입하는 느낌도 가격 상승을 부채질했다고 볼 수 있죠. 물론 구매자금이 넉넉한 매수자에게만 해당하

> 지만요. 편승효과도 함께 영향을 미치는 것으로 보입니다. 예외는 있겠지만 유행에 편승하는 심리가 더해졌다 생각합니다."
> 
> "교수님. 좋은 의견 감사합니다. 기사에 잘 녹여보겠습니다!"
> 
> "네 수고하세요. 기자님!"

### 4. 아파트 위주 규제

규제가 특정 유형의 부동산, 예를 들어 아파트에 집중될 경우 다른 유형으로 수요가 이동할 수 있다. 차선의 선택의 확장 버전이다. 지역은 같지만 비교적 저렴한 오피스텔 등으로 투자 열기가 전이되는 현상이다. 경험적으로 이러한 대체 투자를 질문하는 사람이 늘어날 때 시장이 정말 상투에 가깝다는 확신이 든다.

### 5. 사후확률오류

부동산 정책 당국은 언제나 가격의 상승이나 하락을 예측할 수 있다고 믿는 경향이 있다. 따라서 선제적인 대책을 펼치기보다는 일정한 현상이 나타난 뒤에 정책을 내놓는 경우가 많다. 좁게 보면 부동산 규제정책과 완화정책은 발표가 나올 때마다 매우 신선하고 새로운 것처럼 보이지만, 좀 더 장기적인 시야로 보면 비슷한 정책이 반복됨을 알 수 있다. 이를 행동경제학에서는 사후확률 오류(Hindsight Bias)라고 한다.

심지어 과거 정책의 실패를 전혀 반영하지 않고 유사한 오류가 반복되기도 한다. 어떤 경우에는 정책 발표가 나오자마자 '저 정책은 별로 효과가 없을 텐데?' 하는 생각부터 들기도 한다. 어쩌면 정책 당국조차 '이 정책은 별로 효과가 없을 거야'라고 이미 인지하고 있을지도 모른다는 느낌까지 든다. '이렇게 해보고 시장에서 통하면 된 것이고, 안 되면 더 쓴 약을 내놓으면 되지' 하는 마음은 아닌가 의심이 들기도 한다.

### 6. 정부 정책 무용론과 부동산 시장

부동산 가격의 상승은 언제나 선행적으로 발생하고, 규제는 항상 후행적이다. 그래서 정부 정책이 뒤늦은 규제라고 비판을 받는다. 물론 정부가 뒤늦게 움직이는 이유에 대해서는 충분히 이해가 간다. 상승하지도 않은 지역과 개별 부동산을 선제적으로 규제한다면 소유자들의 반발과 사유재산권 침해 시비에 휘말리게 된다.

결론부터 말하면, 허탈하지만 부동산 가격이 오르는 상황에서의 정부 규제나 부동산 침체기 때의 규제 완화는 시장에 큰 영향을 주지 못한다. 2017년 6월 19일, 정부는 조정대상구역 확대, 분양가 상한제 확대, 대출 한도 축소 등 급등하는 부동산 가격을 안정화하는 정책들을 시행했다. 규제책이 별다른 효과가 없자 2017년 8월 2일, 이른바 8·2 부동산 대책을 발표한다. 해당 대책에서 투기과열지역, 투기지역 등을 추가했으나 가격 상승의 들불은 잡지 못했다.

이후에도 부동산 가격 안정화 대책 등을 수차례 발표했으나 효과를 보지 못했다. 2018년 9월 13일, 9·13 대책에서는 종부세 상향, 다주택자에 대한 강력한 규제, 대출 규제를 발표했다. 당시 부동산 시장의 전문가들은 이번에는 꽤 강력한 규제이기에 가격이 안정화될 것이라 예상했다. 그러나 6개월 정도 거래 침체를 보이다가 2019년 봄부터 규제를 비웃듯이 아파트 가격이 다시 상승했다.

총 23차례의 부동산 규제에도 불구하고 집값 잡기에 실패하자 2021년 5월 당시 정부는 공식적으로 집값 잡기에 실패했다고 자인하기에 이르렀다. 한국부동산원 통계를 보면 정부의 부동산 정책과 별개로 ⓐ기간(2016년 1월~2018년 8월) 거래량은 5천 건에서 1만 5천 건 사이로 활발하게 움직임을 알 수 있다.

부동산 지표에는 여러 가지가 있지만 개인적으로 가장 신뢰하는 지표는 월별 거래량이다. 매매가격지수도 물론 유의미하지만

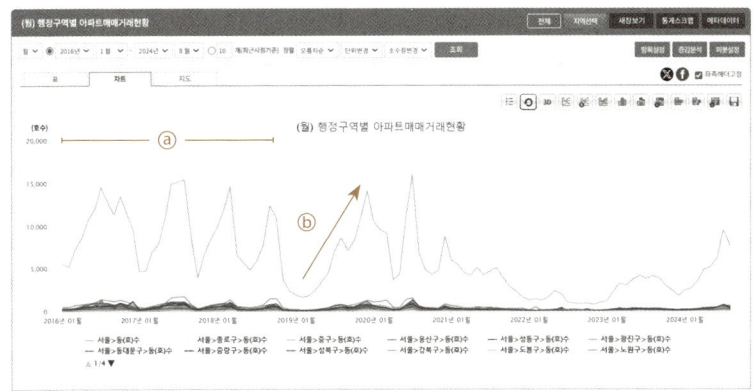

한국부동산원 2016년 1월~2024년 8월 서울 아파트 거래량. ⓐ기간 수십 차례 부동산 규제에도 거래량은 활발했다.

기준점의 설정 및 지수 산정 요소에 대한 논란이 있는 만큼 거래량이 가장 확실하다고 본다. 일반적으로 부동산 시장은 가격이 하락하거나 횡보하는 시기에는 거래량이 없고, 상승기에만 거래량이 증가한다는 속성이 있다.

ⓑ시기를 보면 2018년 9월 13일 9·13 대책 이후 거래량이 5천 건을 하회하다가 다시 증가했는데, 이때도 가격 상승이 지속되었음을 의미한다. 정부의 부동산 정책이 효과가 있었다면 5~6년 동안 거래량이 감소해서 가격 안정화가 이뤄져야 했다.

한편으로 정부의 부동산 정책 실패가 직접적인 부동산 가격 상승의 도화선이었는지는 의문이 든다. 한국의 부동산 시장뿐만 아

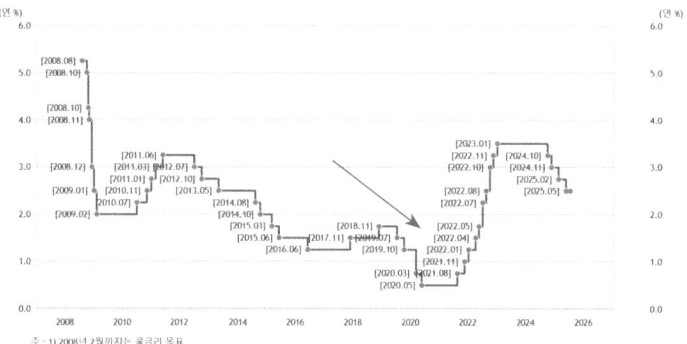

한국은행 기준금리 추이

니라 다른 상당수의 나라도 부동산 가격이 상승했고, 금융 자산인 주식 시장이 치솟았기 때문이다.

자산 시장의 가격은 유동성을 먹고 산다는 격언이 있다. 유동성의 대표 주자는 '금리'다. 당시 한국은행의 기준금리를 보면 2016년부터 금리가 지속적으로 하락했음을 알 수 있다. 유동성이 확대되면 정부의 규제나 안정화 정책과는 별개로 자산 가격, 특히 부동산 가격이 상승하는 경향을 보인다. 이에 대해선 이론적으로도, 현실적으로도 동의할 수밖에 없다. 반대로 금리가 높고 유동성이 축소되는 국면에서는 아무리 시장을 살리려는 부양책을 내놓더라도 효과가 미미해질 수 있다. 이 역시 매우 설득력 있는 지적이다.

그럼 부동산 정책은 아무런 쓸모가 없는가? 그렇지 않다. 비록 결정적인 요소가 아닐지라도 시장의 속도를 조절하거나 과열을 완화하는 데 있어 부동산 정책은 분명히 필요하다. 다만 그 추진의 세부 사항은 멀리 보고 크게 펼쳐야 한다.

부동산 가격이 오르고 공급이 부족하면 결국 입주 공급이 궁극적인 해결책이다. 그런데 자산 시장의 유동성이 확대되는 시기, 즉 부동산 가격이 오르고 있는 상황에서의 공급 확대는 가격 상승폭을 조절하지 못한다. 부동산은 즉시 공급이 어려운 재화이기 때문이다. 역설적이지만 그래서 주택 시장이나 부동산 시장이 안정화되었을 때 열심히 공급해야 훗날 가격이 오를 때, 가격 상승이 완만할 때 진폭을 조절할 수 있다. 그래야 서민도 내 집 마련의 꿈을 계속 유지할 수 있는 것이다.

그러나 역대 정부의 부동산 공급정책을 보면, 가격이 급등할 때만 공급을 확대하겠다고 공언한다. 정작 그러한 공급도 대체로 당장 입주 가능한 주택이 아닌 경우가 많다. 반대로 부동산 가격이 안정화되면 정부는 다시 공급에 소극적인 태도로 돌아선다. 유감스럽게도 앞으로도 이러한 오류를 반복할 가능성이 높아 보인다.

**7. 시장 신뢰와 투명성**

시기에 따라 오락가락 정책이 바뀐다면 국민의 신뢰가 떨어질 수 있다. 신뢰가 하락하면 장기적으로 시장의 안정성과 투명성을 해칠 수 있다. 부동산 정책 결정에 깊은 고민이 요구되는 이유다.

# 실거래가격과 행동경제학

2006년 부동산 실거래 과세 추진 및 실거래가격 표기가 실시되었다. 국토교통부 실거래가공개시스템 및 각종 민간 포털사이트를 통해 손쉽게 실거래가격을 실시간으로 검색할 수 있다. 부동산 실거래가 신고제가 정착하기 전에는 매매 당사자 간의 모호한 합의로 거래가 이뤄지곤 했다. 실제 거래가격보다 공시가격 등으로 매매하는 경우가 빈번했다. 이러한 양상은 매매 당사자 간의 상호 이익에 대한 공감대로 더욱 만연했다.

    매도인 입장에서는 거래 시 매도액을 낮춰서 신고를 하면 양도소득세 등에서 강력한 이익이 발생했다. 돌이켜보면 당시에는 매도자 중에 양도소득세를 두려워하는 경우가 별로 없었다. 심지어 서류상으로는 양도차손(매수한 금액보다 매도한 금액이 더 낮은 상황)이 발생하기도 했다. 흔한 일이었다. 문제의 핵심은 매수할 때는 실거래가로 매수 신고를 하고, 매도할 때는 공시가격을 기준으로 신고하는 관행이었다. 시장의 불신을 키우는 원인이 되었다.

매수인 입장에서는 매수하는 금액을 낮춰서 매수 신고를 하면 취등록세가 낮아지는 이득이 발생했다. 매도인과 이해관계가 맞아떨어지는 것이다. 그래서 매매계약 시 통상 2개의 계약서가 존재하곤 했다. 지금도 이중계약 또는 다운계약이 완전히 근절되었다고 볼 수는 없으나, 처벌의 부담과 강력한 추징금으로 인해 많이 근절되었다고 본다.

실질과세를 위해, 그리고 투명한 사회 형성을 위해 실거래가격 신고 및 등기는 이제 당연한 것으로 받아들여지고 있다. 그런데 실거래가 신고와 등기 과정에서 발생한 사회적 현상이 있다. 행동경제학에서는 앵커링(Anchoring)이라고 부르는 현상이다. 앵커링은 배의 닻처럼 고정된 기준과 현상에 얽매이는 것을 의미한다. 부동산 시장에서는 처음 제공된 정보나 가격에 의해 의사결정이 영향을 받는 것을 의미한다.

# 가격
# 앵커링

가격 앵커링(Price Anchoring)은 부동산 투자자가 매수 또는 매도 결정을 할 때, 과거의 가격이 판단에 영향을 미치는 현상을 말한다. 특히 직전 실거래가가 가장 강력한 의사결정 기준이 되곤 한다. 이러한 가격 앵커링은 상황에 따라 크게 두 가지 패턴으로 나타난다. 부동산 가격이 상승할 때와 하락할 때, 어떤 주체가 주도적인 힘을 갖는지에 따라 달라진다.

### 1. 부동산 가격이 상승할 때

부동산 가격이 상승하고 있으므로 부동산 매도자가 우위에 있는 시기다. 이 경우 어떤 부동산에 대한 실거래가격이 공시되면 매도인은 직전 거래가격을 가장 낮은 기준으로 인식하는 경향이 있다. 예를 들어 본인이 소유한 부동산과 동일한 유형의 다른 부동산이 직전에 5억 원에 거래되었다면, 절대로 그보다 낮은 가격으로는 거래하려 하지 않을 것이다. 직전 가격보다 낮게 매도하는 것은 당연히 손해라고 여기기 때문이다. 오히려 직전 거래가에 본인의 기대를 더해서 보다 높은 가격을 요구하는 경우가 많다. 이

전 거래가격이 심리적 기준점으로 작용해, 그보다 낮은 가격은 손해로 간주된다. 부동산 시장이 매도인에게 우호적인 상황이므로 팔리지 않을 것이라는 불안함도 별로 없다.

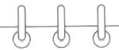

2019년 가을, 밤 10시경에 10여 년 넘게 알고 지내던 동갑내기 친구로부터 전화가 왔다. 지방 광역시가 고향이고 그곳에 오랫동안 거주했던 친구다. 전화번호가 뜨자 머리를 스치는 생각은 '무슨 일이지?' 하는 걱정이었다. 늦은 시간에 걸려오는 전화는 대부분 반가운 소식이 아니었다.

"최 교수. 잘 지냈어?"

다행히 친구의 목소리는 밝았다.

"나야 뭐 매번 똑같지. 갑자기 늦게 전화해서 놀랐다. 야. 무슨 일 있어?"
"그게 아니고, 한 5년 전에 ○○구에 신규 분양된 아파트를 미분양으로 샀다고 말했잖아?"
"그래, 저층이지만 단지가 대단지고 부모님 댁과 가까워서 실거주용으로 산다고 했었지."
"그래, 그때 네가 말했잖아. 실거주라면 큰 문제가 안 되겠지만 투자까지 생각한다면 입지가 애매하다고."
"그랬지. 내 말 안 듣고 샀다가 분양가 대비 한 5천만 원인가 손해 보고

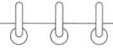

있다고 얼마 뒤에 말했었잖아."

"그랬지. 그런데 몇 시간 전에 부동산에서 전화가 왔는데 말이야. 그 집을 팔 생각이 없느냐고 물어보네? 고민이 되어서 전화했어."

"오, 그래? 얼마에 사겠다고 하니?"

"그게 말이야 꽤 올랐나봐. 처음 내가 분양받았던 금액에서 한 2배 정도 오른 가격이야."

"와, 잘되었네! 축하한다. 그럼 팔면 되잖아. 이사 가고 싶은 지역이 따로 있다고 한 것으로 기억하는데?"

"그렇기는 한데."

성격 급한 그 친구는 왜 늦은 밤에 전화했을까? 5년 전에 별로라고 했던 내가 틀렸다는 것을 증명하고 싶었던 걸까? 그럴 수도 있지만 이유는 따로 있었다.

친구의 마음은 명확했다. 팔고 싶은 것이다. 매도하고 그 자금을 발판으로 학군 좋고 기반시설이 잘되어 있는 다른 지역으로 이사를 가고 싶은 것이다. 그럼 그대로 실행하면 될 텐데 왜 전화를 했을까? 매도자 우위 시장이고 부동산 가격이 상승하는 시기였기 때문이다. 매도 후에 더 오를까 걱정인 것이다.

이익과 손해에 대한 인간의 이중적인 사고를 앞서 손실회피경향으로 설명한 바 있다. 가격이 오른 상태에서 매도하는 것은 당연히 손실이 아니지만, 매도 후 얻을 수 있는 이익을 누리지 못하는 부분이 걱정되는 것이다. 손실회피경향의 반대적 효과로 볼 수 있다. 당시 나는 친구에게 "걱정하지 말고 팔아서 선호하는 지역으로 그냥 이사 가. 혹시 추가적인 비용이 더 필요하더라도 네가 지금 탄탄한 직장에 다니니까 큰 문제는 없을 거야."라고 조언했다.

친구는 웬일인지 내 말대로 했고, 매도한 아파트는 그 뒤로 더 올랐다. 여기까지만 보면 새드엔딩 같지만 이후에 갈아탄 아파트가 더 큰 폭으로 상승하면서 결과적으로 후회는 없었다. 이처럼 매도자 우위 시장에서는 '팔았다가 더 오르면 어떡하지?' 하는 마음이 걸림돌이 될 수 있다.

그럼 매수인 입장에서는 어떨까? 직전 거래가격을 확인하지만 부동산 가격이 상승하는 시기이므로 실거래가가 곧 매수 가능한 최소가격이라고 인식한다. 도리어 가격이 추가로 오를 수 있다는 생각에 조급한 마음이 깊어진다. 여기에서 2차적인 가격 앵커링이 발생한다. 직전 매도가격이 최저가이고, 현재 매물가격이 최고가라고 판단한다. 부동산 투자자는 일단 직전 거래가가 최저가격이라 수긍한 상태에서 최고가격을 할인받기 위해 노력을 기울인다. 만일 공인중개사를 통해 최고가격으로 인식한 액수에서 조금이라도 할인을 받으면 안도감을 가진다.

## 2. 부동산 가격이 하락할 때

이번에는 가격이 하락할 때다. 매도인은 더 이상 우위에 있는 상황이 아니다. 오히려 매수인 우위의 시장이다. 이때 매도인이 매물을 내놓은 상태에서 오랫동안 거래가 되지 않는다. 급하게 매도하지 않아도 된다면 조급함이 덜하지만 여러 가지 사정으로 빠른 시간 내에 현금화해야 한다면 가격을 점점 떨어뜨려 매매를 시도한다. 그로 인한 연쇄적 현상으로 가격 하락이 이어진다.

매수인은 어떨까? 그렇게 급하지 않다. 매물은 넘치는데 매수하는 사람은 별로 없다. 지속적으로 가격이 하락하는 것을 목격할 수 있다. 이때 직전 거래가격은 매수 가능한 최고가가 된다. 가격 앵커링의 심리적 영향을 받는다. 매수자 우위 시기에는 직전 거래가격 이상으로 매수하는 것은 손해라는 심리가 팽배해진다. 직전 거래가격보다 좀 더 가격이 조정된 매물을 찾는 경향이 지속된다. 가격이 수개월 전보다 떨어진 상태여도 더 깎아줄 수 없는지 재차 확인한다.

2024년 봄의 일이다. 학생 중에 번거로울 정도로 이런저런 질문을 많이 하던 분이 있었다. 사실 선생 입장에서는 질문도 한두 번이지 너무 많은 질문이 쏟아지면 다소 불편할 수 있다. 이때 하나 팁을 주자면, 오히려 계속해서 꾸준히 질문을 던지고 발전된 모습을 보여주는 것이다. 선생님의 불편함을 해소하는 '신박한' 방법이라 할 수 있다. 학생에 대한 불편한 마음이 시간이 지나면서 '기특함'과 '존경'으로 바뀌곤 한다. 질문의 내용과 질이 점점 향상된다면 그때는 정말 돕고 싶은 마음이 절로 든다. 이분이 바로 그런 사람이었다.

"교수님, 안녕하세요. 또 질문이 있어요."

"네 선생님 말씀하세요."

"요즘 시장이 조정을 받았잖아요? 그래서 가격이 꽤 많이 떨어진 것 같은데. 지금쯤 H지역에 투자하는 것은 어떨까요?"

"네, 자주 질문하셨던 지역이죠? 그럼 투자하세요."

"네? 아니 그렇게 쉽게요?"

"지금까지 수차례 질문한 지역이잖아요? 그만큼 공부하고 고민하고 검증했다는 뜻인데, 최근 수년간 조정까지 받았으니 메리트가 커졌겠네요. 괜찮을 것 같아요."

"아 네, 그런데…."

"투자하고 가격이 더 떨어질까 걱정이신 거죠?"

"네, 맞아요."

> "과거에는 그토록 투자하고 싶은 지역 아니었나요? 부동산 가격이야 정말 언제 오를지 아무도 모르지만 입지, 환경, 주변 인프라는 가격과 달리 쉽게 변하지 않잖아요. 만일 투자 후에 가격이 떨어져도, 그 지역이 추가로 조정받을 정도면 다른 지역은 더 힘들지 않을까요? 제가 알기로 선생님은 단기 투자나 투기가 아니라 진정한 가치투자를 하고 싶다고 누누이 이야기하셨어요."
>
> "당연히 맞는 말씀이긴 한데요."

부동산 가격이 오를 때 무분별하게 시류에 편승해 투자하는 것은 큰 문제다. 반대로 가격이 충분히 조정된 상황에서 노력과 분석을 통해 확신을 가졌음에도 불구하고 주저하는 것 역시 큰 문제다. 부동산은 시절에 투자하는 측면도 있지만 궁극적으로 입지와 미래에 투자하는 재화다. 시황에 너무 몰입해 투자 의사결정을 내리지 못하는 것은 또 다른 앵커링일 수 있다. 언제 오르고 내릴지에 대한 논리와 추정은 열심히 노력하면 가능은 하지만, 실제로 정확하게 예측하는 것은 인간의 영역이 아닐 수 있다.

## 대체적 기준효과
## 앵커링

대체적 기준효과 앵커링(Alternative Anchoring)은 대안적인 사항과 비교하면서 작용하는 앵커링이다. 복수의 투자 선택지 중 하나를 잠정적 기준으로 정하고, 그중 비교우위에 있는 부동산을 선택하고자 하는 경향이다. 가격과 크기에 따라 두 가지 대체적 기준효과 앵커링이 있다.

### 1. 가격

입지가 비슷할 경우 가격적인 장점이 있는 부동산을 선택하는 것이다. 비교 기준이 모호함에도 불구하고 일단 가격이 저렴하면 합리적 투자라고 생각한다. 예를 들어 수리한 집이 4억 원이고, 수리하지 않은 집이 3억 8천만 원이라고 가정해보자. 매수 후 수리비로 4천만 원이 예상되어도 당장 시세가 저렴한 집을 선호할 수 있다. 눈앞의 매매금액은 현실이고, 수리비용은 아직 오지 않은 미래이기 때문이다. 가격만 보면 합리적으로 보이지만 추가비용을 간과한 비합리적인 판단일 수 있다.

## 2. 크기

가격은 동일한데 한쪽은 면적이 작은 대신 입지가 좋고, 다른 한쪽은 면적이 큰 대신 입지가 나쁘다고 가정해보자. 이성적이고 합리적인 투자자라면 면적보다는 입지가 뛰어난 지역을 선택할 것이다. 그런데 행동경제학이 바라보는 따뜻한 감성의 투자자 중에는 입지보다 면적을 선호하는 경우가 더러 있다. 물론 매수의 목적이 투자가 아닌 실거주라면 합리적이고 이성적인 판단일 수 있다. 그러나 투자 목적이라면 평수보다는 입지가 우선적으로 고려되어야 한다.

"교수님, 두 군데 아파트를 보고 있는데요. 하나는 A지역 아파트고, 다른 하나는 B지역 아파트입니다. 가격은 비슷한데 어떤 것을 선택할지 고민이에요."

"일단 A지역 아파트가 위치적으로는 훨씬 좋아 보이는데요. 각각의 장점이 있나요?"

"네, A지역 아파트는 위치는 좋은데 16년 된 30평대고, B지역 아파트는 7년 된 40평대 후반입니다."

"실거주 목적인가요?"

"아뇨. 지금 사는 집이 살기 좋아서 실거주는 아닙니다. 투자할 목적으로

> 매입하려 합니다."
> "그럼 당연히 A지역 아파트가 비교우위에 있네요."
> "그건 맞는데 B지역 아파트보다 연식이 오래되었고 평수도 좁아서요. 평당가를 고려하면 넓은 평수가 유리하지 않을까요?"
> "아, 부동산 가격 상승이 입지에 비례하지 면적에 비례할까요?"
> "그렇군요. 조언 감사합니다."

## 정보 앵커링

정보 앵커링(Information Anchoring)은 투자자 개인이 가지고 있는 정보가 기준점이 되어 과도하게 의존하는 인지적 편향을 의미한다. 여기서 정보는 투자자 본인이 학습한 것도 있지만 과거의 경험이나 익숙함도 영향을 미친다. 내가 살았던 지역, 내 가족이나 친구가 살았던 지역 등 개인적인 경험이 합리적 의사결정을 방해하는 요소가 될 수 있다.

다행히 경험에서 비롯된 정보 앵커링이 긍정적인 결과를 가져오는 경우도 있다. 이는 그 경험이 부동산 투자의 합리성과 일치할 때 가능한 일이다. 그러나 반대로 경험이 실제 상황과 어긋날 경우 전혀 다른 결과를 초래할 수 있다. 비합리적인 의사결정을 유도할 수 있어 주의가 필요하다.

# 몸테크와 행동경제학

'몸테크'는 한국식 합성어다. 추정하면 '몸+재테크'란 의미로 해석된다. 재테크와 투자를 위해 현재의 안락함과 쾌적함을 희생하는 것으로 이해하면 될 것이다. 각각의 성향에 따라 이 부분을 선호하는 사람도 있고 전혀 공감하지 않는 사람도 있다. 그래도 심심치 않게 들리는 용어이고 실제로 주변에 여기에 해당되는 사람이 많은 것으로 보인다. 적극적 투자자라고 생각할 수도 있지만 현실의 즐거움과 충실을 지향하는 욜로족에게는 비판의 대상이 되기도 한다. 반면 파이어족은 몸테크를 선호한다.

> **여기서 잠깐!**

### 욜로족과 파이어족이란?

최근에 많이 보는 단어들이다. 욜로(YOLO)족은 '인생은 한 번뿐이다(You Only Live Once)'라는 의미로 미래를 위해 현재를 희생하기보다는 지금 이 순간을 최대한 즐기자는 취지다. 욜로족은 일상에서 작은 즐거움을 찾는다. 맛집 투어를 하기도 하고, 여행을 자주 가는 등 현재의 기쁨을 중요시한다. 새로운 경험과 도전을 통해 자신을 발전시킨다는 특징이 있다. 그들은 창의적이고 개방적인 사고를 중요시한다. 부동산 투자에서는 물질적인 풍요로움보다 다양한 경험을 중시하기 때문에 미래의 소비를 위해 현재 소비를 양보하는 것을 거북하게 생각한다. 다만 시간이 지나 재정적인 어려움에 직면할 수도 있다.

파이어(FIRE)족은 욜로족과 반대되는 개념으로 언급되고 있다. '경제적 자립, 조기은퇴(Financial Independence, Retire Early)'를 추구하는 사람들을 일컫는다. 파이어족은 비교적 엄격한 재무계획을 수립하고, 이를 위해 절약과 투자로 자산을 늘려가는 행동을 취한다. 단기적인 행복보다는 미래의 풍요를 중시한다. 부동산 투자에 있어서 몸테크와 영끌족이 되는 것을 마다하지 않는다. 하지만 현재의 소비를 줄이는 과정에서 스트레스가 과도하게 증가할 수 있고, 인간관계도 소원해질 수 있다.

어느 것이 절대적으로 바람직한지는 누구도 알 수 없고 각자의 선택일 뿐이다. 결론적으로 양쪽 모두 행동경제학적인 시각으로 해석이 가능하다.

## 행동경제학으로 바라본 몸테크의 5가지 유형

행동경제학에서 '몸테크'는 지연만족(Delayed Gratification), 제약된 자기통제(Constrained Self-Control), 프레이밍 효과(Framing Effect), 확증편향(Confirmation Bias), 인지 부조화(Cognitive Dissonance)로 인한 심리적 행동으로 해석된다.

### 1. 지연만족

몸테크는 현재의 편안함과 만족을 포기하는 것이 선행된다. 장기적인 이익을 위해 현재를 희생하고 미래를 기다리는 것이다. 당연한 이야기지만 현실의 만족을 양보하고 지연된 만족을 선택하는 것은 쉽지 않은 선택이다. 몸테크를 실천하는 부동산 투자자들은 미래의 보상을 기대하며 현재의 불편을 감수하는 결정을 내린다. 그 부분이 바람직한 행동인가 아닌가는 큰 의미가 없다. 어차피 개인의 선호도와 선택의 문제일 뿐이다.

### 2. 제약된 자기통제

인간은 제한된 자원(시간, 돈, 노력)을 가지고 있고 이를 어떻게 사용하고 투자할지는 자기통제와 관련이 있다. 몸테크는 자신을 통제하고 현재의 자원을 최대한 절약해서 아직 오지 않은 미래에 더 큰 수익을 얻고자 취한 선택이다. 좁고 불편한 공간에서 거주하며 소비를 통제하는 방식이다.

### 3. 프레이밍 효과

인간은 동일한 상황에 직면해도 받아들이는 방식과 행동이 다를 수 있다. 몸테크는 '지금의 안락함을 미루는 것'인 동시에 '미래의 재정적 자유를 위한 투자'라고 해석 할 수도 있다. 몸테크를 실천하는 투자자는 점점 긍정적인 프레임으로 현재의 희생과 양보를 더 매력적으로 인식하게 된다. 일종의 가스라이팅을 스스로에게 하는 것처럼 보이기도 한다. 이러한 자기최면이 없으면 매순간 마주하는 주거 불편 스트레스에 매우 취약해질 수 있다.

### 4. 확증편향

몸테크를 선택한 투자자 역시 평범한 인간의 범주일 것이다. 현재의 소비를 통제하는 것은 현재의 불만을 야기할 수밖에 없다. 따라서 자신의 결정을 정당화하고 현재의 상황에 몰입하기 위해 노력한다. 자신의 결정이 옳았다고 믿기 위해 그것을 지지하는 정보만을 선택적으로 수집하는 경향을 보인다. 이러한 확증편향은 개방성을 떨어뜨려 다른 가능성을 고려하지 않게 만든다.

### 5. 인지 부조화

몸테크를 선택한 투자자들은 자신의 결정이 옳다는 믿음을 가지기 위해 스스로를 지속적으로 가두고 설득하려 한다. 낮은 주거품질로 불편을 느끼지만 '미래에 더 큰 차익을 얻기 위해서 지금은 견뎌야 한다'고 스스로를 설득한다. 이를 통해 현실과 머릿속 심리의 인지 부조화를 해소하려고 노력한다.

# 1층 상가에 투자하는 이유

상가 투자 분야에서는 일반적으로 1층 상가가 2~3층 이상의 상가보다 수익률이 낮은 편이다. 1층 상가가 워낙 비싸서 매매가 대비 수익률이 저조하기 때문이다. 예를 들어 동일한 건물인데 1층 상가의 수익률이 4%이고, 2층 상가가 5.8%라고 가정해보자. 수익률만 놓고 비교하면 1층 상가 투자는 비효율적인 선택이다. 수익형 부동산의 경우 '수익률' 지상주의이므로 2층 상가가 투자 대상으로 적합하다. 그런데도 실제 매매되는 빈도는 언제나 1층 상가가 높다.

# 수익률은 곧
# 위험에 대한 대가

왜 그럴까? 행동경제학적인 관점에서 해석하면 바로 이해가 가능하다. 수익률은 곧 위험에 대한 대가이기 때문이다.

### 1. 위험회피성

동일한 자산을 투입할 때, 일반적으로 이익을 얻을 가능성보다 손실을 피하려는 경향이 더 강하게 나타난다. 이를 위험회피성(Risk Aversion)이라 한다. 1층 상가는 유동인구에게 보다 잘 노출되어 있어 고객 유입이 쉽다는 인식이 있다. 그래서 1층 상가를 더 안전한 투자처라고 생각해 2~3층 대비 수익률이 좀 낮더라도 선호하게 된다. 2~3층 상가는 고객 접근성이 떨어질 수 있어 회피하는 경향을 보인다.

### 2. 손실회피

이익보다 잃는 것에 더 민감하게 반응한다. 1층 상가의 경우 2~3층 대비 공실률이 낮다는 인식이 있다. 그래서 투자자들은 수익률이 낮아도 손실을 최소화할 수 있다는 이유로 1층 상가를 선호한다. 흔히 상가 매출의 90%는 '워킹(보행) 손님'에게서 나온다고 한다. 이는 차량을 이용해 목적지를 정하고 방문하는 경우보다, 상가 앞을 지나가다가 즉흥적으로 소비하는 경우가 훨씬 많다는 뜻이다. 보행자가 접근하기 용이한 1층 상가의 공실률이 낮은 배경이다. 투자자 입장에선 수익률이 낮아도 인정적인 현금흐름을 가져올 수 있어 1층 상가를 선호한다.

### 3. 프레이밍 효과

정보가 제시되는 방식에 따라 투자자의 의사결정이 달라질 수 있다. 예를 들어 상가를 분양하거나 매매하는 사람이 1층 상가를 두고 '높은 가시성과 접근성'이라고 설명했다면, 설득력 있는 긍정적인 이미지를 강화하게 된다. 이러한 긍정의 이미지는 하나의 프레이밍을 형성하게 되고, 투자자들은 더 높은 가격을 지불하는 것을 당연시하게 된다.

### 4. 심리적 계정

투자자마다 돈을 어떻게 벌고 쓰는지에 따라 투자 대상을 다르게 생각하고 평가하는 경향이 있다. 예를 들어 1층 상가를 '안전한 투자'로 분류하고, 2~3층 상가를 '고위험 고수익 투자'로 분류하는 인식이 있을 수 있다. 수익률이 낮더라도 1층 상가를 안전한 투자처로 인식해 투자를 정당화한다. 이를 심리적 계정(Mental Accounting)이라고 한다.

사실 현금 보유자 입장에서 '가장' 안전한 투자는 은행에 예적금을 하는 것이다. 그러나 안전한 만큼 수익률이 무척이나 낮아서 주식, 펀드, 암호화폐 등 다른 대안을 찾는 경우가 많다. 은행 예적금보다는 수익률이 높고, 또 너무 위험하지 않으면서 매달 일정한 현금흐름이 발생하는 투자를 원한다면 상가 투자를 고려할 수 있다. 이때 공실 위험이 비교적 낮은 1층 상가가 특히 선호된다.

## 5. 기대오류

사람들은 종종 현재가 아닌 과거의 경험이나 기대에 기반해 미래의 결과를 예측하는데, 이때 기대오류(Expectation Bias)가 작용할 수 있다. 1층 상가는 유동인구의 접근성이 우수하기 때문에 일반적으로 과거에 안정적인 수익을 제공해왔다. 반면 2~3층 상가는 안정성에 대한 기대치가 낮기 때문에 더 높은 수익률을 요구하게 된다. 더 높은 수익률이 보전되지 않으면 거들떠보지도 않을 것이다.

"교수님, 제가 상가에 투자하려고 여기저기 다니고 있는데요. A동네 상가가 꽤 괜찮아 보여서 사볼까 합니다."

"말씀하신 지역이면 괜찮은 상권이긴 하네요. 층수와 평수, 수익률 등이 어떻게 될까요?"

"네, 3층이고 평수는 40평 정도입니다. 수익률은 현재 매매가 기준으로 5.4% 정도는 되는 것 같아요."

"오, 수익률이 요즘 기준으로는 상당히 높은데요. 그런데 조금 마음에 걸리는 것이 있네요."

"네, 어떤 부분이죠?"

"평수도 크고 수익률도 좋지만 3층이라는 점이 마음에 걸리네요."

"네, 그런 것도 있지만 5년 전부터 치과가 입점해서 사용하고 있어서요. 병원이라 그런지 아직까지 월세 한 번 밀린 적이 없다고 하네요. 그러면 괜찮지 않을까요?"

"음, 혹시 갖고 있는 투자금을 가장 안전한 곳에 투자해야 한다면 어디가 좋을까요?"

"그야 물론 은행 예적금이겠죠. 수익률이 상가보다 떨어져서 그렇지."

"맞는 말씀입니다. 그런데 왜 은행은 수익률이 낮을까요?"

"아무래도 좀 더 안전하니까 수익률이 낮아도 예적금을 드는 게 아닐까요?"

"그렇죠. 안전하니까 수익률이 낮은 거죠. 투자한 원금을 국가가 보장해주기도 하고요. 이런 말이 있어요. 수익률은 곧 위험에 대한 대가다. 상가 투자에 내재된 리스크는 무엇일까요?"

"그야 공실의 위험이 아닐까요?"

"그럼 1층이 공실의 위험이 클까요, 3층이 공실의 위험이 클까요?"

"3층이 더 크겠죠."

"그렇죠. 수익률은 곧 위험의 대가이니, 1층 상가는 매매가와 면적 대비 수익률이 낮은 편입니다. 반면 다른 층은 1층보다 수익률이 높은 편이고요. 다르게 해석하면 2~3층은 수익률을 높게 맞춰놓고 매각하지 않으면 매매가 안 된다는 이야기일 수 있어요."

"그렇긴 하네요. 그런데 교수님, 제가 본 3층 상가는 그래도 병원이니까 공실의 위험이 덜하지 않나요?"

"그럴 수도 있겠죠. 하지만 부동산은 단순히 현재의 임차인이 우량하다는 이유만으로 평가되어선 안 됩니다. 만약 지금의 우량 임차인이 나가게 되더라도 여전히 매력적인가요? 다른 임차인을 끌어들일 만큼 매력적인 입지나 조건을 갖추고 있는지가 중요합니다."

"아, 그러고 보니 치과 옆에 다른 상가들은 임대문의가 붙어 있었던 것 같아요."

"네, 면적을 줄이고 수익률이 낮더라도 1층 상가를 먼저 고려하는 게 맞을 듯해요."

# 기획부동산에 속는 이유

기획부동산이란 각종 개발 호재 등을 미끼 삼아 실제로는 경제적 가치가 없는 땅을 쪼개 팔거나 지분을 나눠 분양하는 사기 행위를 말한다. '단순한 매매 행위가 무슨 문제인가?'라는 생각이 들기도 한다. 대부분의 기획부동산이 문제가 되는 이유는 실제 가치보다 더 높은 가격에 매도해서 추후 회복할 수 없는 손실을 떠넘기기 때문이다.

과거 공중파 방송의 고발 프로그램에서 기획부동산 관련 취재에 참여한 적이 있다. 언론을 통해 이미 여러 차례 기획부동산의 문제점이 지적되었음에도 불구하고, 여전히 피해 사례가 이어지고 있어 안타까움이 컸다. 이러한 반복적인 피해 발생은 부동산 투자 과정에서 행동경제학적 오류가 작용했음을 보여준다.

## 기획부동산과 행동경제학적 오류

### 1. 투자의 피라미드 구조

누군가 100억 원짜리 부동산 투자를 권유하면 굉장히 소수의 사람만이 관심을 가질 것이다. 그런데 이 땅을 10개로 나눠 10억 원대로 투자액을 줄이면 100억 원 때보다는 관심을 갖는 투자자가 늘어날 것이다. 다시 10억 원짜리 땅을 10개로 나눠 1억 원대로 홍보하면 10억 원 때보다 혹하는 사람이 늘어날 것이다. 물론 1억 원도 작은 금액은 아니다. 이 1억 원의 부동산을 다시 1/3 또는 1/4로 쪼개면 투자액이 훨씬 줄어든다. 이 정도 금액이면 부담 없이 투자할 수 있는 사람의 수도 훨씬 늘어난다. 기획부동산은 이 점을 파고든다. 소수의 부자가 아니라 다수의 서민을 노려 확률을 높인다.

## 2. 확증편향

사람은 자신이 믿고 싶은 정보를 선별적으로 받아들이는 경향이 있다. 기획부동산의 사기꾼들은 자신들에게 매우 유리한 정보만을 제공한다. 이를 검증하는 능력이나 환경이 안 되는 투자자를 대상으로 여러 언론이나 보도자료를 통해 검증된 내용이라며 지역의 발전 가능성을 어필한다. 시간이 얼마 없다며 이번 기회를 놓치지 말라고 부추긴다.

## 3. 사회적 증거

기획부동산은 종종 유명인사나 권위 있는 기관의 이름을 내세워 투자자들의 신뢰를 얻는다. 특히 가장 많이 활용되는 것이 개발계획에 대한 자료다. 유명 일간지 기사를 들이밀기도 학고, 지자체 자료를 보여주며 설득하기도 한다. 기가 막힌 것은 그러한 계획과 예정이 완전히 거짓은 아니라는 것이다. 기획부동산은 전혀 말도 안 되는 곳을 공략해서 사기를 치지 않는다. KTX가 들어서는 배후지역, 산업단지 확정지 인근 지역, 신도시 예정지로부터 가까운 거리, 테마파크 지역의 수혜지역 등 겉보기에 그럴싸한 땅으로 투자자를 현혹한다. '호재가 존재하는 토지를 파는 것이니 거짓은 아니지 않은가?'라는 생각이 들 수 있다.

문제는 주변에 실제로 개발 호재가 있다고 해도 정작 그들이 판매하는 땅은 개발이 불가능한 위치이거나 개발이 제한된 용도 지역에 해당한다는 점이다. 강남역 사거리라고 해서 모든 필지가 개발 가능한 것은 아니듯이, 어디에 있든 개발이 어려운 땅은 존재할 수 있다. 기획부동산은 사회적 증거를 매개로 이러한 땅을 떠넘긴다. 땅에 대해 잘 모르는 사람은 여기에 쉽게 속아 넘어갈 수 있다.

10여 년 전, 한 사회고발 TV 프로그램의 기획부동산 취재에 자문으로 참여한 적이 있다. 당시 담당 PD는 김포에서 강화도로 향하는 작은 항구 주변에서 발생한 기획부동산 사기를 추적 중이었다. 피해 규모만 200억 원대가 넘는다고 했다.

이 사건의 경우 상당히 정교한 방식으로 설계했다는 느낌이 들었다. 기획부동산 측은 자신들이 판매하는 토지 바로 옆 필지를 예로 들며, 등기부에 기재된 실거래가를 보여주는 방식으로 상대를 현혹했다. 예를 들어 그들이 판매하는 토지가 199번지라면, 인접한 198번지의 거래 기록을 제시하며 "198번지가 평당 200만 원인데, 바로 옆 199번지를 평당 120만 원에 팔겠다."고 한 것이다.

수법이 정교했다. 198번지는 실제로 평당 200만 원에 거래된 이력이 있었고, 해당 지역은 해양 물류단지 조성, 관광 인프라 개선 등 대규모 개발

사업과 예산 투입이 예정된 지역이었다. 언뜻 보면 문제가 없어 보였다. 의심 많은 투자자들은 직접 실거래가를 확인하고, 해당 시청에 찾아가서 예정된 개발계획까지 확인했다. 기획부동산의 말은 모두 사실이었다.

문제는 199번지에 치명적인 단점이 있었단 것이다. 평당 200만 원에 거래된 198번지는 도로와 연결되어 있었고, 개발이 가능한 계획관리지역에 속했다. 하지만 199번지는 맹지였고, 용도지역도 198번지와는 달랐다. 199번지는 공익용 보전산지에 개발제한구역으로 묶여 있어 인근이 개발되어도 녹지로 계속 묶여 있을 수밖에 없는 쓸모없는 토지에 해당했다.

바로 옆에 붙어 있는 필지이니 용도도 비슷할 것이라고 생각하는 순간, 기획부동산의 마수에 빠질 가능성이 높다고 봐야 한다. 대부분의 일반인은 개별 토지의 개발 가치나 특성보다는 해당 지역의 발전 가치에만 집중한다. 아무리 비전 있는 지역도 개별로 보면 쓸모없는 토지가 많이 있다. 사회적 증거만으로 부동산 투자를 검토하면 정말 위험천만한 일을 겪을 수 있다.

## 4. 이익과 손실에 대한 비대칭적 평가

기회를 놓치는 것에 대한 두려움으로 인해 사기에 휘말릴 수 있다. 기획부동산은 제한된 시간 안에 특별한 혜택을 준다며 서둘러 결정을 내리도록 유도한다. 이 과정에서 '이 기회를 놓치면 손해를 볼지도 모른다'는 두려움이 커지면서 손실회피성향이 강화되고, 결국 비합리적인 결정을 내리게 된다.

## 5. 확률가중과 희귀성편향

확률가중과 희귀성편향(Probability Weighting and Scarcity Bias) 역시 주의해야 한다. 기획부동산은 한정된 기회나 희귀한 투자 기회를 강조하며 성공 확률을 과대평가하게 만든다. '곧 개발 예정인 지역의 마지막 땅'이라는 표현은 투자자로 하여금 미래의 수익 가능성을 과대평가하게 만들고, 다른 정보에 대한 객관적인 검토를 봉쇄한다.

## 6. 양떼효과

부동산 투자자의 상당수가 다른 사람들의 행동을 따라가는 경향이 있다. 이를 양떼효과(Herding Behavior)라고 한다. 기획부동산은 많은 사람이 참여하고 있다는 느낌을 주면서 투자자들을 안심시킨다. 심지어 기획부동산의 판매원이나 임원도 투자했음을 밝히며 투자를 종용한다.

## 7. 인지 부조화

사기에 휘말린 투자자들은 자신의 결정이 잘못되었음을 인정하기 어려워한다. 특히 투자 직후에는 부정적인 정보가 보이더라도 애써 무시한 채 자신의 행위를 정당화하기 위해 긍정적인 면만을 강조한다. 궁극적으로 자신이 잘못된 선택을 했음을 부정하려고 한다.

## 8. 가장 근본적인 이유는?

기획부동산에 속는 가장 근본적인 이유는 좋은 땅이 있다는 권유나 연락이 왔을 때 전화를 끊지 않은 것이다. 가장 좋은 대처는 그냥 전화를 내려놓는 것이다. 기획부동산은 호재와 비전을 내세워 개발이 불가능하거나 소유관계가 복잡한 토지를 그럴싸하게 포장해 비싸게 판매한다.

우리나라 전 국토에 부여된 지번의 숫자는 약 3,400만여 필지에 달한다. 그리고 이 모든 필지에는 '용도구역' '용도지역'이 지정되어 있다. 지번별로 부여된 용도구역과 용도지역에 따라 개발 가치가 달라진다. 입지가 탁월하고 주변에 호재가 가득해도 사용 가능하고 쓸모 있는 용도구역, 용도지역이어야만 가치가 있다. 용도구역, 용도지역이 어려운 이유는 이를 규정하고 있는 법률만 112개에 달하고, 총 315개의 지역지구제 등을 통해 토지이용계획을 정하고 있기 때문이다. 어지간한 전문가가 아니라면 이 부분에 대한 세세한 내용을 알 수 없다.

2024년 7월, 오랫동안 알고 지낸 동창에게 문자가 왔다. 주소를 불러주며 여기 땅은 어떠냐는 내용이었다. 토지에 대한 용도지역과 용도구역은 '토지이음' 사이트나 앱에 주소를 입력하면 24시간 실시간 조회가 가능하다. 살펴보니 개발 여부는 문제가 없었다. 일단 전화를 해본다.

"어, 잘 지냈어? 이 땅은 뭐야? 네가 투자하는 거니?"

"그건 아니고 내 친동생이 투자하려고 하는데 이미 가계약금까지 보냈다고 해서 말이야. 난 아무래도 잘 모르겠어서 연락해봤어."

"그래? 일단 지적도상으로는 도로가 접해 있지 않아서 좀 위험해 보이네. 아무리 용도상 개발이 가능해도 도로가 없으면 개발 행위가 어려워."

"길이 없는 것은 동생도 알고 있고, 토지의 1/10만 지분으로 사는 거라고 해."

"뭐? 맹지인데 1/10 지분을 사는 거라고?"

"어, 그래. 그 지역이 대규모 산업단지가 들어오고 발전하는 지역이라서 가격이 오르면 차익이 쏠쏠하다고 해."

"아무리 유망한 지역이어도 맹지는 개발이 힘들어. 거기다 지분 투자는 정말 미친 짓이야. 당장 동생 보고 하지 말라고 해. 가계약금을 돌려받거나 안 되면 포기하는 게 좋아."

"그래? 앞으로 오르는 일만 남은 지역이라고 하던데?"

"아니, 그 지역이 오르는 거랑 그 땅이 오르는 것은 다른 내용이잖아."

"동생 말로는 이미 친구들도 다 구입했고 자기도 꼭 계약을 해야 한다고 하네."

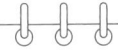

"흠, 그래? 이야기를 들어보니 이미 말리는 것은 힘들어 보이네. 투자액이 크지 않으면 인생 수업료라고 생각하면 되겠지만 액수가 크면 당장 취소했으면 좋겠어."
"작은 돈은 아니야."
"야! 그러면 당장 뜯어말려!"

친구의 이야기는 기획부동산에 속는 전형적인 사례였다. 행동경제학적으로 볼 때, 사람들이 기획부동산에 속게 되는 모든 비합리적인 판단 요소들이 고스란히 담겨 있었다. 한 달 뒤 우연히 질문을 했던 친구와 만났다.

"동생이 투자한다던 땅은 어떻게 되었어?"
"그게 말이야, 말렸지만 그냥 강행하더라고."

슬프지만 예상한 일이었다.

# 3장.
# 행동경제학으로 바라본 부동산 투자 ②

01. 부동산 투자와 넛지이론
02. 부동산 투자와 다크패턴
03. 부동산 기사와 행동경제학
04. 시장의 징후와 행동경제학

# 부동산 투자와 넛지이론

넛지(Nudge)라는 단어는 '슬쩍 찌르다'란 의미로 번역된다. 옆 사람을 자신의 팔꿈치로 툭 찌르는 것으로 흔히 쓰인다. 이러한 행위의 목적은 옆 사람의 주의를 환기시키거나, 눈치 없이 있지 말고 정신 좀 차리란 의미로 해석할 수 있다. 미국의 행동경제학자 리처드 탈러와 법률가 캐스 선스타인은 『넛지』라는 책을 통해 '사람들의 선택을 유도하는 부드러운 개입'이라고 새롭게 정의한 바 있다.

　넛지 행동이란 사람들이 더 나은 결정을 할 수 있도록 의사결정의 구조를 미묘하게 조정하는 방법을 말한다. 넛지 행동을 하는 사람은 의도하는 바를 달성하기 위해 절대로 강제적이고 강요하는 행동이나 말을 하지 않는다.

## 넛지의 특징

### 1. 비강제성

넛지는 선택을 강제하지 않는다. 상대방은 자신이 원하는 대로 선택할 자유가 언제나 있다. 넛지는 상대방이 선택을 하는 데 있어 간접적으로 개입해 구조를 약간 변경하는 방법이다. 이러한 부드러운 개입을 통해 상대로 하여금 의사결정 시 더 쉽게 혹은 더 자연스럽게 판단하도록 유도한다.

중요한 것은 넛지의 목적이다. 넛지는 나쁜 결과를 조장하거나 유도하는 것이 아니다. 선택의 자유는 유지하면서도, 사회적으로 바람직한 방향으로 결정을 유도하는 가벼운 개입이다. 선택의 갈등에 놓인 사람에게 보다 쉽게 결정을 내릴 수 있도록 돕는 도우미 행동인 것이다.

예를 들어 자녀에게 "공부해라." "방을 어지럽히지 마라."라고 말하는 대신, 자발적이고 강제적이지 않은 넛지를 활용할 수 있다면 얼마나 좋을까. 하고 싶은 일에만 몰두하기보다 해야 할 일을 열심히 해야만 미래에 하고 싶은 일을 하며 살 수 있다는, 다소 딱딱한 결론도 넛지를 통해 부드럽게 이끌어낼 수 있을 것이다.

## 2. 선택 설계

넛지는 선택 설계(Choice architecture)라는 개념을 기반으로 한다. 강요하지 않는 것이 기본 방식이기 때문에 자연스럽게 환경과 분위기를 설계하는 것이다. 예를 들어 건강한 식품을 눈에 잘 띄는 위치에 배치하거나, 가입하면 적은 비용으로도 많은 혜택을 볼 수 있는 보험을 가장 메인에 노출하는 것 등이 대표적이다.

이런 내용의 넛지 이론을 보다 보면 최근 방송 등에서 자주 들리는 '빌드업(Build up)'이라는 용어가 떠오른다. 원래 빌드업이라는 말은 축구 경기에서 유래된 용어다. '플레이를 만들어가는 방식'이라는 뜻으로, 골이라는 최종 목표를 위해 골문까지 나아가는 일련의 공격 전개 움직임이다. 일상적인 대화에서 어떤 결론을 이끌어내기 위해 기승전결을 만드는 과정도 일종의 빌드업이라고 볼 수 있다. 어떻게 보면 넛지의 의도와 목적과 유사하다는 느낌이 든다.

### 3. 행동경제학 기반

넛지 이론은 인간이 항상 합리적으로 판단하지 않는다는 점에서 행동경제학과 관점을 공유한다. 마케팅 분야에서는 소비자가 특정 상품이나 서비스에 대해 선택의 자유가 주어져도 기본 옵션을 바꾸지 않거나, 미래의 이익보다 현재의 이득을 더 크게 여기는 경향이 있다는 점에서 행동경제학과 관점을 공유한다.

### 4. 경험적 기반

넛지 이론은 실제 인간의 행동에 대한 관찰과 연구를 기반으로 한다.

## 나쁜 넛지의 개념

나쁜 넛지(Phishing for Phools)는 경제학자 조지 애커로프와 로버트 실러가 2015년에 발표한 책의 제목이기도 하다. 사회적으로 이득이 되고 이성적인 판단에 반하는 교묘한 선택 설계를 통해 의도치 않게 비합리적인 결정을 내리도록 유인하는 행위를 말한다. 피싱(Phishing)은 원래 사이버 범죄에서 사용되는 용어인데 악성 링크를 클릭하도록 유인하는 형태 등으로 나타난다. 나쁜 넛지는 이러한 피싱과 쉽게 속는 사람들(Phools)의 합성어다.

결론적으로 나쁜 넛지는 사람들이 잘못된 선택을 하도록 속이는 다양한 시장 전략을 설명하는 개념이다. 물론 조금 너그러운 마음으로 해석하면 나쁜 넛지가 정말 잘못된 것인지 경계가 모호할 수 있다. 기업이나 판매자 입장에서는 나쁜 넛지가 아니라 매출액과 판매량을 늘리기 위한 하나의 전략이라고 항변할 수 있다. 설득력 있는 말이다.

나쁜 넛지가 중대한 문제인 이유는 소비자가 비합리적으로 비싼 가격으로 재화를 구매하게 되거나, 전혀 구매 의사가 없는 물건을 사게 되는 등 여러 부작용을 야기하기 때문이다. 나아가 당사자의 자각 없이 무의식에 영향을 미쳐 행동을 조작하는 것은 윤리적 문제를 야기할 수 있다.

## 1. 정보의 비대칭성 이용

판매자는 소비자보다 더 많은 정보를 가지고 있다. 우위에 있는 정보를 바탕으로 소비자에게 불리한 거래를 유도할 수 있다. 개인적으로 간혹 드는 의문이 있는데 자동차 수리비, 중고차 매매가격, 주택 인테리어 비용을 지불을 할 때 정말 제대로 된 청구액인지 강력한 의심이 발생한다. 어떤 부분을 조목조목 따질 수 있는 정보와 경험이 있다면 좀 더 진실에 부합하는 금액을 지불할 수 있을 텐데 하는 아쉬움이 든다. 기울어진 운동장처럼 정보의 비대칭성으로 인해 검증 불가능한 가격을 수용하고 만다.

어느 날 모친과 가구 전문점에 들렀다. 낡은 거실 쇼파를 바꾸기 위해 몇 군데 돌아다니다가 드디어 가격과 디자인이 마음에 드는 물건을 발견했다. 가게 매니저분과 마주앉아 가격 협상을 시작했다.

"매니저님, 잠깐 앉아보실래요? 이 쇼파를 사려고 하는데 가격이 약간 부담이네요. 방법을 같이 찾아봐야 할 것 같아요. 30만 원만 할인해주시면 당장 계약서 쓰고 배송정보 입력해드릴게요."
"저희도 이 물건을 팔면 참 좋은데 방침상 30만 원 할인은 무리가 있네요."
"그럼 얼마나 할인이 가능할까요? 평소에 이 브랜드에 호감이 있어서요. 오늘 좋은 조건을 제시하면 다른 가구를 살 때도 반드시 고려하고 싶은데요."
"그럼 10만 원 정도는 어떨까요?"

내가 조금 난색을 표하자 상대는 "그럼, 고객님 면을 봐서 10만 원 할인에 작은 신상 협탁도 하나 드릴게요." 하고 답했다. 물론 난 표정 변화가 없었다. 그런데 그때 모친이 "오, 이 협탁도 좋아 보이네요. 마침 필요했는데." 하고 말했다.

그 순간 어머니에게 하고 싶은 말이 있었지만 매니저가 있어 "아니에요, 어머니. 전 협탁보다는 할인이 좋아요." 하고 말했다.

"고객님, 어머님도 그렇게 이야기하시는데 계약하시죠. 쇼파와 너무 잘 어울리는 제품이에요."

더 이상 발품을 팔 자신도 없었고, 어머니의 만족스러운 반응도 있어 가격 협상을 멈출 수밖에 없었다. 결국 '협탁'이라는 작은 넛지가 매매 협상을 마무리 짓게 만든 셈이다. 사실 매니저의 눈빛은 처음 제시한 할인금액 정도는 충분히 수용 가능해 보였다. 조금만 더 밀고 당겼다면 원하는 조건에 가까운 거래가 가능했을 것이다.

결제를 하고 매장을 나오는데 그제야 모친이 내게 여쭤보신다.

"그런데 그런 협탁은 보통 얼마나 하니?"
"한 3만 원 정도 해요. 가구점에서 자주 쓰는 전략인데, 가격 협상을 할 때 이렇게 하나씩 덤처럼 제시하더라고요."

모친이 꽤나 놀란 표정으로 날 바라봤다.

## 2. 제도적 문제와 사례

나쁜 넛지는 개별 기업의 나쁜 의도일 수도 있지만, 시장과 제도가 비이성적인 의사결정을 할 수 밖에 없도록 설계되어 있을 때도 있다.

예를 들어 신용카드를 만들 때 우리는 무의식적으로 정보제공 동의를 한다. 필수적인 동의도 있지만 선택적 동의도 사이사이 숨어 있다. 그런데 선택적 동의는 한 번 더 클릭해서 해제해야 하는 번거로움이 있다. 이후 다양한 마케팅 전화에 시달린다. 쓰고 싶지도 않은 카드론 광고전화가 이어진다.

가끔씩 가짜 세일도 보인다. 파격적 할인을 강조하지만 수개월 전 가격과 동일한 금액인 경우도 여러 번 보았다. 여행 사이트에서 판매하는 항공권 역시 마찬가지다. 동일한 목적지와 시간이라면 당연히 가장 저렴한 금액의 비행편과 항공사가 눈에 띈다. 합리적이고 이성적인 소비자라면 그 항공편을 클릭할 수밖에 없다. 이때는 정신을 바짝 차려야 한다.

가격은 분명 저렴하지만 알고 보면 수화물은 추가 유료이거나, 선호하는 좌석을 선택하면 추가비용을 받는 경우가 있다. 비행 중에는 배가 고파서도 안 된다. 다 돈이다. 이것저것 추가하니 처음 본 가격을 훌쩍 뛰어넘는다. 합리적인 소비자라면 거기서 멈추고 다른 항공권을 찾아보겠지만 여기까지 오면서 겪은 번거로움이 떠올라 엄두가 나지 않는다.

자동 갱신되는 구독 서비스도 문제다. 어떤 온라인 서비스를 홍보할 때 업체는 첫 달 무료 또는 파격적으로 할인된 가격을 제시한다. 판매사 입장에서는 '써보고 결정하세요'란 의도다. 여기까지는 문제가 없어 보인다. 문제는 가입하려면 자동결제용 계좌나 신용카드를 등록해야만 한다는 함정이 숨어 있다는 점이다. 써보고 별로면 일정 기간 전에 자동결제를 해지해야만 돈이 나가지 않는다. 그런데 결과는 어떤가? 우리 모두 알고 있다. 휴대폰 통신사, 케이블TV, 인터넷 통신망, 신용카드 등은 언제나 가입보다 해지가 어렵다. 가입할 때는 클릭 몇 번으로 일사천리인데, 해지하려면 꼭 전화를 해야 한다.

가짜 이용후기 또는 리뷰도 고민해봐야 할 문제다. 온라인 쇼핑몰을 이용하거나 배달음식을 주문할 때 필수적으로 보는 것이 이용후기 또는 리뷰다. 긍정적인 리뷰나 구매 후기가 많으면 믿고 구매하는 경향이 있다. 그런데 허위 리뷰가 동원되는 경우가 종종 있어 주의해야 한다. 이러한 가짜 리뷰는 품질에 비해 제품을 과대평가하도록 만든다.

## 3. 모델하우스 방문이 바람직하지 않은 이유

아파트 모델하우스 또는 분양사무소에 방문하는 일 역시 주의가 필요하다. 정보의 비대칭이 확정된 행위에 동참하는 것과 같다. 모델하우스의 구조는 분양 예정인 실제 평면과 다르지 않지만 눈에 좋아 보이는 각종 인테리어와 조명, 가구 등을 배치해둔다. 방문객이 최대한 좋은 인상을 받을 수 있게 꾸며놓은 최상의 포장재다. 한 번의 모델하우스 방문보다, 실제 공사 현장 예정지를 여러 번 찾아보는 편이 투자 판단에 훨씬 유리하다. 부동산 투자의 성과를 가름하는 것은 내부 인테리어와 조명 따위가 아니라 입지와 주변 인프라다. 모델하우스는 부동산 마케팅에 있어 모든 넛지가 집약된 결정체일 것이다.

아파트가 아닌 오피스텔이나 상가는 모델하우스 대신 분양사무소를 공사 현장 인근에 개설한다. 화려한 팸플릿과 지도 등을 펼쳐놓고 왜 좋은 상품인지 설명한다. 지나가다 우연히 들린 분양상담소에서 분양상담사와 1시간 정도 상담을 하다 보면 점점 나 몰라라 하기가 힘들어진다. 가격이나 여러 조건이 마음에 걸려 쉽게 결정을 내리지 못하는 순간, 분양상담사 뒤편에 점잖게 앉아 있던 중년 남성이 조용히 일어나 마지막 한 수를 둔다. 화룡정점이다.

"이봐요, 실장님! 고객님께 좀 더 할인해드려요. 날 봐서요. 고객님 인상이 너무 좋으시잖아요."

당연히 정확한 수치가 있을 리 없지만 이 분야에서 오랫동안 일했던 사람들이 공통적으로 이야기하는 부분이 있다.

"이유야 어쨌든 분양사무소에 오시는 고객의 70%는 계약서를 쓰고 가세요."

## 마음을 현혹하는 분양광고

분양사무소와 별개로 부동산 분양광고 역시 주의가 필요하다. 광고를 보면 눈과 감성을 자극하는 문구로 가득하다. 의미 파악이 어려울 정도로 그럴듯한 외래어로 치장되어 있다. 하지만 자세히 보고 해석하면 진실이 무엇인지 알 수 있다. 다음 내용은 내가 생각한 분양광고 문구에 대한 나름의 해석이다.

### 1. 서울에서 전철로 20분 거리

일단 서울은 아니다. 출근 준비를 하고 현관문을 나선다. 엘리베이터를 타고 6분 정도 걸어서 역에 도착하고 플랫폼에서 기다려 5분 뒤 전철을 탄다. 20분 뒤 서울의 가장 가장자리 역에 도착한다. 내리지 않고 계속 선철 안에서 대기 중이다. 30분 뒤 내려서 환승을 하고 15분 뒤 사무실에서 가장 가까운 역에 내린다. 역에서 사무실까지는 4분이 걸린다. 집 현관문을 나온 지 80분이 흘렀다. 정말 고용의 중심지로부터 가까운 지역이라면 '서울'이라는 단어 대신 구체적인 지명을 사용할 것이다. '광화문역 30분' '강남역 35분' 등처럼 말이다.

### 2. 다양한 배후 수요

주변에 별다른 특징이 없다. 일부 제조업 기업도 있고, 학교도 드문드문 있고, 큰 쇼핑몰도 1km 거리에 소재한다. 소규모 서비스업 사무실도 은근히 있고, 시청이나 신청사 등도 혼재되어 있다.

### 3. 쾌적한 그린라이프

일단 교통이 불편하다. 대중교통의 용이성은 물 건너간 지역이다. 공기는 맑다. 주변에 200~300m 규모의 산도 있고, 약수터도 가깝다. 청설모와 산비둘기도 친근하게 볼 수 있다. 교통 여건이나 입지가 좋은 지역이면 '쾌적한 그린라이프'가 아니라 '도심 속 그린라이프'라는 용어를 쓴다.

### 4. 개발의 프리미엄

개발이 되려면 꽤 걸릴 것이다. 하지만 시간을 낚듯이 오래 기다리면 좋아질 가능성은 있다. 일단 아직은 아니다. 그날이 올 때까지는 불편함을 감수해야 한다. 정말 개발로 인한 직접적인 수혜지라면 '프리미엄'이라는 단어는 쓰지 않는다.

### 5. 풀 퍼니시드

새 가구와 가전제품을 쓰는 영광을 누릴 수 있다. 몸만 들어와도 되니 뭔가 새로 사지 않아도 된다. 하지만 모든 비용이 분양가에 전가되어 있다. 알고는 있어라. 모른다면 네가 지불한 돈으로 잘 꾸며놓겠다.

### 6. 신흥 명문 학원가 조성

여러 기관이 들어올 예정인데 주된 근무자들이 비교적 젊은 편이다. 교육열이 높을 것이니 사교육 업체가 눈독을 들일 가능성이 높다. 그런데 아직 조성되려면 시간이 걸린다. 당장 상급 학교로 진학해야 하는 학부모라면 알아서 다른 곳에 학원을 보내라. 교육 여건이 이미 좋은 지역이면 '교육 1번지 바로 앞'이라고 홍보한다.

### 7. 교통특구

특구라는 말을 쓰기 때문에 단순한 전철이나 지하철이 아니다. KTX, GTX 정도의 특급 교통시설이 생긴다는 뜻이다. 하지만 매우 가까운 지역은 아니다. 그러한 교통시설이 있는 곳까지는 마을버스로 6정거장 정도는 가야 한다. 정말 KTX, GTX 인근이면 '초역세권'이라는 단어가 나온다.

### 8. 청약통장 무관

일단 아파트가 아니다. 아파트라면 청약 시스템으로 청약을 해야 한다. 그런데 '청약통장 무관'이란 용어를 사용했다는 것은 오피스텔, 수익형호텔, 생활형숙박시설, 도시형생활주택 중 하나라는 이야기다. 아무리 입지가 좋아도 유동성이 떨어지고 자산 가격 증가율이 떨어지는 부동산이다. 아파트 청약에 지치고, 비싼 가격에 지친 이들에게 마치 아파트를 대신할 만한 좋은 투자처인 것처럼 포장한다. 가급적이면 하면 안 된다.

### 9. 대단지 프리미엄

만일 2천~3천 세대 이상의 대단지라면 '프리미엄'이라는 말은 사용하지 않을 것이다. 아마도 900~1,100세대 정도 되는데 조금 입지가 떨어지는 지역이기 때문에 프리미엄이라고 표현했을 확률이 높다. 물론 900~1,100세대도 작은 숫자는 아니지만 상상처럼 엄청 큰 단지는 아닐 것이다.

# 부동산 투자와 다크패턴

## 다크패턴이란 무엇인가?

다크패턴(Dark pattern)의 원래 의미는 '눈속임'으로, 소비자의 의사결정을 이끌어내는 일종의 마케팅 기법에 해당한다. 소비자에게 제품을 구매하도록 유인하거나 유혹하는 넛지와 달리 다크패턴은 직접적인 속임수에 가깝다.

최근 논란이 된 다크패턴 사례 중 하나는 호텔 예약 사이트의 가격 왜곡 문제다. 초기 화면에서는 저렴한 금액을 제시하지만 결제 직전에 각종 수수료와 세금이 추가되어 소비자를 혼란스럽게 만든다. 다음은 〈한국경제〉 2023년 8월 10일 기사다.

> 숙박 플랫폼 업체가 예약 초기 화면에 일부 가격만 표시해 소비자를 속이는 '다크패턴' 피해가 이어지고 있다. 세금과 수수료 등을 제외해 가격을 더 낮게 표시하는 식이다. (…) 소비자원에 따르면 최근 4년(2019~2022년)간 접수된 숙박 관련 국제거래 소비자상담은 9,093건이었다. 이 중 '취소·환불 지연 및 거부'가 5,814건(63.9%)으로 가장 많았다.

냉정하게 생각하면 추가된 가격이 높으면 예약을 멈추면 될 것이다. 그러나 이미 이 호텔의 위치와 시설에 대해 충분히 검토했다면 변경하기가 쉽지 않다. 귀찮기도 할 것이다. 다크패턴이 성공하는 순간이다. 합리적인 의사결정을 방해하는 행동경제학적인 행동이 나타나는 것이다.

여러 방면에서 다크패턴이 문제가 되었던 모양이다. 공정거래위원회에서 2023년 7월 31일 온라인 부분에 대한 다크패턴의 범주를 4개 분야 19개 세부 유형으로 분류하고 〈온라인 다크패턴 자율관리 가이드라인〉을 발표했다. 가이드라인은 크게 목적, 적용 대상, 기본원칙, 세부 유형별 사업자 관리사항 및 소비자 유의사항으로 구성되어 있다.

기본원칙은 사업자가 소비자와 전자상거래 등을 할 때 거래 조건을 정확히 이해하고 의사 표시를 할 수 있도록 화면 배치(인터페이스)를 설계·운영해야 하고, 소비자가 자신의 선호에 따라 자유롭고 합리적으로 의사결정을 할 수 있도록 해야 한다는 것이다. 대표적인 유형으로는 '숨은 갱신' '잘못된 계층구조'를 들 수 있다.

먼저 숨은 갱신 유형은 서비스가 무료에서 유료로 전환되거나 결제대금이 증액될 때 소비자에게 별도의 동의나 고지 없이 계약을 자동 갱신하고 그 대금이 자동결제되도록 하는 행위를 말한다. 소비자는 자신도 모르게 계약이 갱신되거나 대금이 자동결제됨으로써 피해를 입게 된다. 이를 방지하기 위해 가이드라인은 소비자에게 유료 전환 또는 대금 증액과 관련해 명확한 동의를 받고, 유료 전환 또는 대금 증액 시 7일 전에는 변경의 주요사항을 통지할 필요가 있다고 봤다.

잘못된 계층구조 유형은 소비자에게 불리하거나 사업자에게 유리한 선택지를 시각적으로 두드러지게 표시하고, 소비자로 하여금 그 항목이 유일하거나 반드시 선택해야만 하는 것처럼 오인하게 만드는 행위를 말한다. 이로 인해 소비자는 원치 않는 선택을 해야 하는 상황에 놓이게 된다.

## 부동산 시장의 다크패턴

부동산 시장에도 다크패턴은 존재한다. 대표적인 것이 허위매물, 과장광고, 마감 효과다.

**1. 허위매물**

허위매물은 부동산 시장이 활황일 때 자주 나타난다. 공급이 부족하고 매도·매물이 매우 적을 때 일단 허위로 부동산 매물을 광고한 다음, 막상 전화가 오면 매물이 나갔으니 다른 매물을 보여주겠다는 식으로 고객을 유인하는 것이다.

지난해 한국인터넷광고재단이 공인중개사법 등을 위반한 것으로 의심돼 지자체에 조치를 요구한 온라인 부동산매물이 1만 3,195건에 달한 것으로 나타났다. 이는 전년도인 2022년 조치요구 건수 9,904건에서 33% 정도 증가한 숫자다. (…) 실제론 존재하지 않는 미끼매물과 허위·과장 광고 등 법 위반 매물을 반복적으로 홍보해 '2회 이상 위반 의심' 건으로 지자체에 통보되는 건은 2021년 594건, 2022년 1,189건, 지난해 1,519건으로 가파른 상승세를 보이고 있다.

〈프레시안〉 2024년 10월 18일 기사다.

허위매물을 온라인으로 광고하는 경우도 있지만 오프라인에서 현수막 등을 통해 광고하는 경우도 있다. 간혹 대로변 등 위치 좋은 건물 외벽에 '임대문의'가 적힌 현수막이 붙어 있는 경우가 있다. 단순히 해당 건물에 공실이 발생했음을 알리는 경우도 있지만, 간혹 공실이 없어도 건물주와의 친분으로 협조를 얻어 현수막을 걸기도 한다. 임대를 희망하는 고객이 현수막을 보고 전화하면 공인중개사는 공실이 다 해소되었다며 다른 건물을 보여주겠다고 제시한다. 전형적인 다크패턴이다.

### 2. 과장광고

'초특급 역세권 신규 아파트 분양'이라는 광고 문구를 보고 찾아가보면, 실제로는 역세권이라 보기 애매한 거리에 위치한 아파트형 빌라를 분양하는 경우가 있다. 이 경우 두 가지 다크패턴이 존재한다. 첫째, 역세권에 대한 과장광고다. 둘째, 건축법상 아파트일 뿐이고 실제로는 빌라 형태인 경우다.

### 3. 마감 효과

마감 효과는 부동산뿐만 아니라 호텔 예약, 항공권 예약, 홈쇼핑 등에서 흔히 쓰는 방식이다. "지금 보시는 상품은 이제 2개 남았습니다." "이 제품은 1천 세트 중 현재 990세트가 판매 완료되었습니다." "이제 곧 품절입니다. 10분 안에 구매하시면 엄청난 혜택을 드립니다." 등등 어디서 많이 들어본 내용이다. 부동산의 경우 중개사가 이렇게 말한다.

> "이거 지금 계약해야 합니다. 내일 다른 분이 계약하기로 했습니다."

이러한 다크패턴이 소비자와 시장에 미치는 영향은 무엇일까?

먼저 소비자 측면에서 보면 신뢰 저하로 인해 거래를 주저하게 된다. 꼭 필요하고 정상적인 거래라고 해도 다크패턴에 의한 손해가 두려워 선뜻 나서지 못한다. 또 다크패턴에 대한 부정적 경험이 작용해 의사결정을 방해한다.

시장 측면에서 보면 비효율적인 시장 형성을 야기해 공정한 경쟁을 저해한다. 다크패턴이 사회적 문제가 되고 부정적인 인식이 확산되면 정부 규제가 강화될 것이고, 규제는 필연적으로 추가적인 비용을 발생시킨다. 규제로 인한 부가적인 비용은 당연히 소비자에게 전가된다.

이러한 문제를 해결하기 위해서는 소비자의 권리를 강화하는 제도와 교육이 도입되어야 한다. 또한 허위매물에 대한 신고 시스템 역시 지속적으로 개선되어야 한다. 정부의 노력과 기업의 투명한 경영활동이 함께 이뤄져야 하며, 자유로운 기업 활동을 저해하지 않는 범위 내에서 부동산 플랫폼에 대한 규제와 꾸준한 모니터링도 필요하다.

# 부동산 기사와 행동경제학

부동산 관련 기사가 지나치게 자극적으로 포장되어 있다는 점은 많은 독자가 공감하는 부분일 것이다. 오히려 극단적인 방향으로 시장을 조장하는 역할을 하는 것이 아니냐는 오해를 불러일으키기도 한다. 이러한 부동산 기사는 이성적이고 합리적인 판단보다는, 투자자의 입장에서 행동경제학적 사고에 기반한 내용을 담고 있는 경우가 많다. 부동산 기사의 행동경제학적인 사유로는 대표성 휴리스틱, 확증편향, 프레이밍 효과, 가용성 휴리스틱, 손실회피, 사회적 증거와 관련이 있다.

> **여기서 잠깐!**
>
> **휴리스틱이란?**
> 휴리스틱(Heuristic)은 '경험적인' '스스로 발견하게 하는'이란 뜻으로, 심리학에서는 발견법(發見法)이란 의미로 쓰인다. 인간의 추론, 의사결정, 문제해결 등의 특징을 기술하기 위해 사용되는 개념이다. 시간, 정보 등이 불충분해서 합리적인 판단을 할 수 없거나, 굳이 체계적이고 합리적인 판단을 할 필요가 없는 상황에서 신속하게 사용하는 일종의 '어림짐작의 기술'이다.

부동산 기사의 행동경제학적인 태도를 살펴보기 전에, 짚고 넘어가야 할 것이 있다. 바로 국내 언론사의 현실이다. 언론사도 영리를 목적으로 운영된다. 공정 정대한 언론의 소명과 사명을 가지고 있더라도 치열한 언론사 간의 경쟁에서 자유로울 수 없다. 신문이 되었든, 인터넷 기사가 되었든 일단 독자에게 읽히고 노출되어야 살아남는다.

별로 중요하지 않은 내용이라고 해도 관련 정책이 발표되거나, 사회적 현상이 발생하면 기사화해야 하는 숙명이 존재한다. 의도와 무관하게 관련 기사를 송고해야 하는 현실과 직면한다. 중요한 정책이나 현상이 아니어도 취재와 인터뷰 내용을 기사로 풀어내야 하다 보니, 때때로 무리한 해석도 나오고 의도치 않은 방향으로 독자의 사고를 혼란하게 만든다. 가끔 비판에 시달리고 이의 제기도 당하지만 어쩔 수 없다. 하루라도 기사를 싣지 않으면 안 되기 때문이다.

부동산 기사가 오해를 사는 이유 중 하나는 자극적인 헤드라인이나 섬네일을 쓰기 때문이다. 언론 기사도 결국 조회수 싸움이다. 독자를 유입시키려면 일단 제목이 매력적이어야 한다. 실제 내용은 제목과 다르더라도 일단 카피가 흥미로워야 살아남는다. 이 과정에서 내용을 과장하거나 사실보다 부풀려서 전달할 위험이 있다.

어느 지역 일간지에 부동산 관련 칼럼을 장기 기고한 적이 있다. 한 달에 한 번 정도 기고하는 일정이었지만 여유롭게 원고를 보내지 못하고 늘 마감에 쫓겼다. 게으름의 소치다. 굳이 변명을 하자면 시간적 여유가 있어도 글이 써지지 않았다.

마감일이 오후 12시면 언제나 11시 50분 전후로 원고를 보내곤 했다. 당연히 문장과 사례를 재검토하거나 적절한 비유인지 확인하고 수정할 수 없었다. 그야말로 내용적 충실함이라는 허울 아래 공장에서 찍어내듯이 원고를 썼다.

대부분 제목도 정하지 못했고, 적절한 키워드를 제시하지도 못했다. 그

> 런데 항상 놀라운 일이 벌어졌다. 내가 정해도 이보다 나을 수 없을 만큼 지면에 실린 제목과 한 줄 요약은 언제나 멋지고 완벽했다. 새삼 기자들의 능력에 감탄을 했다.

## 행동경제학과 부동산 기사

### 1. 대표성 휴리스틱

대표성 휴리스틱(Representativeness Heuristic)은 어떤 사건이 전체 집단을 대표한다고 여기는 것을 말한다. '하나를 보면 열은 안다'는 속담이 대표성 휴리스틱을 표현하는 대표적인 예다. 특정 지역에서 부동산 가격이 급격히 상승했거나 하락한 사례를 언론이 보도하면, 독자들은 그 사례가 전체 시장의 경향을 대표한다고 생각할 수 있다. 일부 특정 지역의 현상이 전체 시장의 트렌드를 나타낸다고 잘못 인식하게 만든다. 소수의 극적인 사례가 전체 경향처럼 보이면서 객관적 분석을 방해하는 요소로 작용한다. 특히 언론에서 반복적으로 다뤄지는 사례일수록 그 영향력은 커진다.

어느 날 아는 기자에게 전화가 왔다.

"교수님, 기사를 쓰다가 궁금해서 전화 드렸는데요, 최근에 안양에 어떤 아파트 단지에서 동일 평형인데 전세가격과 매매가격의 역전 현상이 나타났습니다. 깡통전세 현상이 심화되는 전조현상으로 보입니다. 교수님 생각은 어떠신가요?"

"혹시 비교 대상을 알 수 있을까요? 각각의 층과 동을 알려주세요. 그래야 정확한 비교가 가능합니다."

"전세 거래는 105동 12층이고, 매매 거래는 101동 1층입니다."

"그게 사실이면 동일한 주택으로 볼 수 없는 것 아닌가요? 해당 단지의 105동은 가장 선호되는 동이고 층도 로열층이네요. 반면 101동은 길가에 접해서 소음이 있고 층도 1층이고요. 매매가와 전세가의 역전 현상에 의한 깡통전세를 이야기하려면 조건이 비슷해야 하는데, 이번 사례는 동일한 비교가 아닌 것 같아요. 그리고 해당 지역은 예전부터 전세가와 매매가 격차가 적은 것으로 유명했고요."

"아, 그러면 단순 비교는 정당하지 않다는 말인가요?"

"그럼요. 다른 의견이 있을 수 있지만 저는 그렇게 생각합니다. 그런 특이한 사례로 깡통전세 현상이 심화되고 있다고 해석하면 논리의 비약일 것 같아요."

"네, 듣고 보니 맞는 말씀이네요. 감사합니다, 교수님."

전화를 나눈 기자는 나의 취지를 기사에 정확히 반영했다. 하지만 기사 말미에 아주 짧게 '다른 의견은 이렇다' 하는 식으로 반영되었다. 전체적인 기사의 논조는 '깡통전세 우려, 주택 시장의 혼조 강화'에 가까웠다.

## 2. 확증편향

확증편향은 기존의 신념을 바탕으로 현상을 해석하려는 행동경제학적 경향이다. 언론이 특정 사실을 강조해서 보도하면 독자들은 이를 자신의 믿음을 뒷받침하는 증거로 받아들이기 쉽다. 부분적 사실을 전체로 오해해 자신의 관점을 강화하게 된다. 언론사는 열혈 독자들을 위해 그들이 원하는 논조로 기사를 쓰려고 노력한다.

실제로 확증편향이 강한 독자를 겨냥한 기사일수록 조회수가 높다. 예를 들어 집값이 상승할 것이라고 믿는 사람은 '부동산 호황' '미래의 집값 상승 예측'과 같은 긍정적인 기사에 주목한다. 반면 집값 하락이나 규제 강화 관련 기사는 무시하거나 신빙성이 떨어진다고 여기기 때문에 들여다보지 않는다. 종이신문의 시대가 저물고 온라인 뉴스 소비가 일상이 되면서, 언론사들은 사용자의 관심사에 따라 유사한 유형의 기사를 자동으로 추천하는 알고리즘을 도입하게 되었다. 이러한 시스템은 독자의 확증편향을 강화하고, 부동산 시장에 대한 왜곡된 관점을 더욱 심화시킬 수 있다.

확증편향은 투기 심리를 조장할 수 있다. 독자가 시장에 과도하게 낙관적인 기대를 가지게 되어 비합리적인 투자 결정을 내릴 수 있다. 자극적인 기사로 집값 하락 요인을 무시하거나 중요하게 여기지 않는 경우 시장이 왜곡될 수 있다. 위험 신호를 감지하지 못하고 버블 붕괴로 큰 손실을 초래할 수 있다.

또 기사의 편향성에 의해 정책을 받아들이는 자세도 달라질 수 있다. 규제정책이나 공급 확대와 같은 정부 대책이 보도되더라도, 자신이 선호하는 신념과 다르면 무시하거나 반대할 가능성이 높아진다.

### 3. 프레이밍 효과

동일한 정보라도 제시되는 방식에 따라 다르게 해석될 수 있다. 언론이 어떤 현상을 설명할 때 특정 맥락을 강조하면 독자들은 그 부분을 중요하게 여길 수 있다. 예를 들어 '서울 강남 아파트 가격이 지난달 10% 수직 상승했다'는 사실을 강조하면, 전체 부동산 시장이 과열되었다고 해석할 수 있다. 실제로 해당 지역을 제외하면 전체적인 부동산 거래량이나 가격에 큰 변동이 없더라도 사람들은 쉽게 오해하게 된다.

예를 들어 2024년 9월에 나온 두 기사를 비교해보자. 먼저 〈데일리안〉 2024년 9월 24일 기사다.

국민평형으로 불리는 전용면적 84㎡ 아파트의 신고가 경신이 수도권에서 속출하고 있다. 업계에 따르면 수도권을 중심으로 아파트 상승세가 지속되는데다 전용 84㎡ 아파트의 거래량이 늘어나면서 인기 단지뿐만 아니라 신흥단지에서도 신고가가 나타나고 있다. 국토교통부 실거래가 시스템 기준 서울 서초구 반포동에 지난해 8월 입주한 '래미안 원베일리' 전용 84㎡는 지난달 60억 원에 거래돼 올해 동일 타입 가운데 역대 신고가를 기록했다. 이 단지는 지난 6월 49억 8천만 원에 팔려 신고가를 보인 바 있다.

다음은 〈머니투데이〉 2024년 9월 23일 기사다.

6월부터 8월까지 뜨겁던 부동산 시장이 다시 차갑게 식어가고 있다는 신호가 커지고 있다. 세 달 만에 서울 아파트 월세 거래량이 매매 거래량을 넘어섰으며, 지난달 서울의 집값이 오히려 전월대비 4.5% 하락했다는 민간 통계도 나왔다. (…) 한국공인중개사협회 부동산정책연구원의 '월간 KAR 부동산시장 동향' 9월호에 따르면 지난 8월 전국 아파트 매매가격은 전월 대비 1.9% 하락했다. 특히 서울의 아파트 가격은 4.5% 하락했고, 수도권은 4.4% 떨어진 것으로 집계됐다.

서로 상반된 주장을 하는 두 기사의 시차는 하루에 불과하다. 엄밀하게 따지면 틀린 내용은 없다. 앞선 기사는 수도권 일부 단지의 가격 상승을 인용한 것인데, 독자로 하여금 수도권 전반의 가격이 상승하고 있다는 오해를 불러일으킬 가능성이 있다. 실제로는 해당 기간 수도권 부동산 가격은 큰 변동이 없었다.

두 기사의 내용을 종합하면 수도권 집값은 하락세이나 국지적으로 일부 지역은 신고가를 경신한 상황이다. 하지만 과연 두 기사 중 어떤 기사가 더 눈길을 끌까? 친한 기자로부터 전해들은 이야기다.

"교수님! 부동산 관련 기사 중에 '집값이 내린다' '부동산 경기가 침체기다' 하는 기사는 독자가 잘 안 보고 클릭도 하지 않아요."

직업적인 고충이라고 이해 가능한 부분이다. 그러나 투자자라면 이러한 기사에 의해 프레이밍 효과에 빠지지 않도록 주의해야 한다.

### 4. 가용성 휴리스틱

가용성 휴리스틱(Availability Heuristic)이란 특정 사건이나 개념을 판단할 때 기억에서 떠오르는 사례와 정보에 의존하는 인지적 편향을 말한다. 언론이 자극적인 부동산 기사를 많이 다루면 독자들은 그 내용을 실제 사실보다 일반적이고 중요한 사건으로 인식하게 된다. 부동산 가격의 급등이나 폭락과 같은 단어가 빈번하게 보도되면 이러한 극단적인 상황이 자주 발생한다고 느끼게 된다.

2023년 3월, 아는 기자로부터 전화가 왔다.

"교수님! 잘 지내시죠? 좀 여쭤볼 것이 있는데요."
"아, 네. 어떤 내용이죠?"
"그동안 교수님과 이야기해보면 아파트 거래량이 매우 중요한 데이터라고 하셨는데요."
"네, 아파트 가격은 거래량을 등에 업고 움직이니까요."
"올 1월에 서울 아파트 매매 거래량이 1천 건 정도인데요. 2월말 기준으로 2천여 건으로 2배가 늘었습니다. 혹시 지난 2년간의 하락세가 끝나고 반등하는 부분이 있는 걸까요?"
"수치상으로 그렇게 보일 수도 있겠네요. 그런데 기자님. 본격적으로 서울 아파트 가격이 올랐다고 볼 수 있는 2016년 초 이후를 보면 서울 월평균 매매건수는 7천여 건에 달했어요. 가장 많을 때는 1만 6천여 건이었고요."

"음, 그렇네요."

"증감률이라는 데이터는 기준이 되는 시점으로부터의 비율이니까요. 평균값을 넘지 않은 낮은 거래량에서도 변동률만 놓고 보면 큰 변화가 있는 것처럼 착시가 있을 수 있어요. 이번에 거래량이 2배 증가한 것은 낮은 거래량끼리의 '기저효과'가 아닐까요?"

"듣고 보니 그렇네요. 교수님 의견을 잘 녹여서 기사를 써보겠습니다."

과연 어떤 제목으로 기사가 나왔을까? '아파트 거래량 큰 폭으로 증가, 경계의 목소리도'라는 타이틀이었다.

2023년 4월, 이번에도 같은 기자에게 문의가 왔다.

"교수님! 3월말 기준으로 서울 아파트 매매가 3천여 건을 돌파했습니다. 이제는 정말 반등의 전조현상일까요?"

"여전히 저는 월평균 거래량이 7천~8천 건은 되어야 한다고 봅니다."

그다음 날 기사의 논조는 이랬다.

'아파트 거래량 폭증! 부동산 시장에도 봄날이 오는가?'

이후의 상황은 어땠을까? 5월에 발표된 2023년 4월 서울 아파트 매매

> 거래량은 다시 2천여 건대로 감소했다는 소식이 들렸다. 역시나 예측대로 착시효과였던 것이다.
>
> '아파트 거래량 다시 감소, 섣부른 판단 말아야'
>
> 나는 이러한 후속보도가 이어지길 기대했지만 그러한 기사는 단 한 건도 볼 수 없었다.

## 5. 손실회피

사람들은 이익을 얻는 것보다 손실을 피하는 것에 더 민감하게 반응한다. 언론은 이 점을 잘 활용해 공포 마케팅을 펼친다. 부동산 가격 하락, 투자 손실, 재산 가치 하락 등 부정적인 정보를 강조하면 독자들이 불안감을 느끼고 해당 기사에 더욱 주목하게 된다. 그래서 실제보다 부정적인 측면을 과도하게 부각시키는 경우가 있다.

## 6. 사회적 증거

사람은 다른 사람이 어떤 행동을 하는지에 따라 자신의 행동을 결정하는 경향이 있다. 부동산 시장의 '패닉 바잉'이나 '패닉 셀

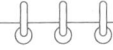

최근에 자영업자는 정말 출구가 보이지 않는 긴 터널을 지나는 느낌이라고 한다. 경기 침체가 길어지면서 매출액이 늘어날 기미가 보이지 않는 상황이다. 이러한 상황에서 어느 기자가 묻는다.

"교수님! 제가 최근에 경기 침체와 관련해서 상권별 공실에 대한 기사를 준비하고 있습니다. 그래서 현장 취재도 다녀왔는데 여쭤볼게 있어요."

"아 그래요? 어디를 다녀오셨어요?"

"네, 홍대 쪽 상권과 이대 쪽 상권을 다녀왔는데요."

"어느 쪽에 공실이 많던가요?"

"홍대 쪽에도 공실이 있기는 한데, 이대 쪽 상권이 더 심각해 보였어요. 아무래도 최근의 경기 침체 여파가 반영된 것이겠죠?"

"흠, 경기 침체가 지속되고 있는 것은 맞는데요. 이대 쪽 상권이면 조금 이야기가 다릅니다."

"네? 이대 쪽 상권은 뭔가 특별한 점이 있나요?"

"네, 이대 쪽 상권은 경기 침체 이전부터 이미 공실이 만연한 지역이었어요. 예전에 중국 관광객이 많이 오던 지역인데, 외교적으로 문제가 생기고부터는 발길이 뜸해졌죠. 그리고 인근 홍대 상권, 연남동 상권, 망원 상권이 발달하면서 분산된 느낌도 있고요."

"아, 그러면 이대 쪽 상권은 경기 침체에 따른 공실 증가로 기사를 쓰면 안 되는 것인가요?"

"네, 적어도 저는 그렇게 생각합니다. 기준점이 적절하지 않은 것 같아

요. 만일 그 지역을 잘 아는 분이 경기 침체로 이대 쪽 상권이 침체되었다는 내용을 보면 고개를 갸웃거릴 수 있지 않을까요?"

"네, 그럴 수 있겠네요. 감사합니다!"

경기 침체를 원인으로 단정 짓고 구체적인 사유를 구별하지 않은 채, 단순히 공실이 많은 지역을 조사한 인상이 인터뷰 내내 강하게 들렸다.

링'과 같은 현상이 언론에서 대두되면, 독자들은 이러한 행위가 일반적인 것이라고 생각하게 된다. 여기에 휩쓸려 비슷한 결정을 내리기도 한다.

부동산 시장에는 유행어가 돌고 돈다는 느낌이 든다. 예를 들어 '마용성'은 마포·용산·성동의 약자다. 이러한 유행어가 '강남권은 아니지만 강북에 비교우위가 있는 지역'이란 인식을 불러일으킨다. 실제 가치보다 더 높은 수요를 이끌어 더 비싸게 거래되는 군중심리가 작용할 수 있다.

경기 침체기 때는 부동산 시장도 양극화되는 경향이 있다. 최근에는 '얼죽신(얼어 죽어도 신축)'이란 유행어도 등장했다. 똘똘한 한 채가 주목받는 극단적 양극화 시기에는 편리한 구조와 밝고

멋진 인테리어, 좋은 커뮤니티 시설이 갖춰진 신축 아파트에 대한 수요가 커지곤 한다. 가격 상승의 기대보다 현재 사용가치의 효용성에 더 높은 점수를 주는 것이다. 한편으로는 부동산의 근본적인 가치인 입지나 지역의 발전 가능성보다, 단순히 '신축'이라는 이유만으로 수요가 집중되면서 실제 가치보다 높은 가격이 형성되는 군중심리가 나타날 수 있다.

지난 21일 기준 도봉구의 아파트 매매가격은 전 주 대비 0.01% 상승해 25개 자치구 중 가장 낮았다. 구로구 0.02%, 관악구 0.03%, 도봉구 0.05% 상승해 사실상 제자리 수준이었다. 강북구도 0.05%를 기록했다. 이들 지역은 올해 들어 지난 21일까지 누적 기준 상승률도 낮은 편에 속했다. 도봉구가 올해 들어 0.25% 상승해 25개 자치구 중 누적 상승률이 가장 낮았다. 그 다음으로 관악구 1.24%, 강북구 1.36%, 노원구 1.39% 순으로 낮았다. (…) 반면 한강벨트와 강남권은 상승 폭이 둔화하긴 했지만 25개 자치구 중에선 여전히 상대적으로 가격 상승 폭이 컸다.

〈아이뉴스24〉 2024년 10월 31일 기사다. 기사 제목은 이렇다.

### "결국 '될놈될'"…대출규제 여파 한강벨트가 덜 받았다

위 기사는 최근에 새롭게 그룹화된 '한강벨트'의 부동산이 규제에도 불구하고 강세라는 취지의 기사다. 기사의 내용이 팩트인 것은 맞지만, 투자자로 하여금 한강벨트 지역이 안전자산이라는 인식을 보다 강하게 심어줄 수 있다. 남들이 지금 이 지역을 선호하니까 앞으로도 견조할 것이라는 군중심리가 작용해 쏠림 현상을 만들 수 있다.

한강벨트 지역의 강세는 단순히 한강 조망 때문만은 아니다. 같은 지역에 있더라도 모든 아파트가 한강 조망을 갖춘 것은 아니기 때문이다. 본질적으로는 다른 지역으로의 이동이 용이하고 대중교통 접근성이 뛰어나 선호도가 높은 것이다. 그러나 이러한 배경지식 없이 기사만 접한 사람들은 '똑똑한 한 채' 심리가 강화되면서, 결과적으로 지역 간 양극화가 심화될 수 있다.

# 시장의 징후와 행동경제학

## 한계효용체감의 법칙

우스갯소리로 '조선 중종 이후 부동산 가격은 500년간 잡히지 않았다'는 말이 있다. 왜 조선 중종일까? 1392년 건국 당시 조선의 인구는 554만 9천 명 정도였다. 48년 뒤 세종22년(1440년)에도 672만 4천 명으로 인구가 크게 늘지 않았다. 이후 큰 전쟁이 없고 농업생산성이 향상되면서, 중종 14년(1519년)에는 약 80여 년 만에 조선의 인구가 1,046만 9천 명까지 증가한다. 정확한 추정은 어렵지만 강력한 경제 성장이 인구 증가를 견인한 것으로 보인다.

경제가 성장함에 따라 자산 시장이 커지면서 개별 자산의 가격도 함께 올랐다. 실제로 부동산 가격도 급등한 것으로 추정된다. 『조선왕조실록』에는 중종 30년과 37년에 집값 급등을 우려하는 내용이 두 차례에 걸쳐 기록되어 있다. 집값 문제는 시대를 초월한 민생의 핵심 과제였던 셈이다.

한편 일본 제국주의의 억압과 6·25 전쟁을 거치며 대한민국은 세계 최빈국으로 전락할 위기에 처했다. 그러나 이후 '한강의 기적'이라 불리는 눈부신 경제 성장을 이루며 다시 일어선다. 여러 요인과 더불어 국민 모두의 헌신적인 노력으로 만들어낸 성과였다. 제1차부터 제5차까지의 국토종합계획을 살펴보면, 대한민국이 써 내려간 기적의 여정을 확인할 수 있다.

국토종합계획은 국토의 효율적인 개발과 조화로운 발전을 목표로 정부가 수립·추진하는 국가 차원의 중장기 계획이다. 이 계획은 사실상 대한민국 발전의 '내비게이션' 역할을 해왔으며, 대부분의 경우 계획에 따라 예산이 편성되고 정책이 실행되었다. 최초 제1차국토종합계획 당시 우리나라 국민 1인당 GNP는 319달러에 불과했다. 그런데 제2차국토종합계획이 추진된 1982년에는 1,820달러로 증가했다. 불과 10년 만에 1인당 GNP가 5.7배 증가한 것이다. 여기에 멈추지 않고 제3차국토종합계획이 추진된 1992년에는 7,007달러까지 증가했다. 10년간 다시 3.85배 증가한 것이다. 제1차국토종합계획 시점을 기준으로 하면 약 22배 고속 성장한 것이다.

아무런 자원 없이도 상당한 인구를 유지하며 이만큼 성장을 이룬 국가는 전 세계적으로도 유례를 찾기 어렵다. 물론 고도성장 과정에서 부당한 노동, 인권 탄압 등의 부작용도 함께 나타났다. 유튜브 등에서 외국인을 대상으로 한국에 대한 인식을 묻는 인터뷰를 보면 K-팝, K-뷰티, K-드라마와 같은 긍정적인 요소도 있지만, '빨리빨리 문화' '일중독' '경쟁과 서열화' 문제를 지적하는 경우도 적지 않다. 이는 일상에 여유가 없고 삶이 팍팍하다는 이미지로 이어지기도 한다.

그러나 다른 시각에서 보면 세계 최빈국에서 남들보다 더 빠르게 앞서 나가기 위해 발버둥치다 보니 생긴 어쩔 수 없는 숙명이었을지도 모른다. 이제는 더 이상 1970~1990년대처럼 노동자에게 극단적인 업무 패턴을 요구하지는 않지만, 수십년간 축적된 '빨리빨리' 문화의 관성은 여전히 우리나라 사회 전반에 깊숙이 남아 있다.

## 한계효용체감의 법칙

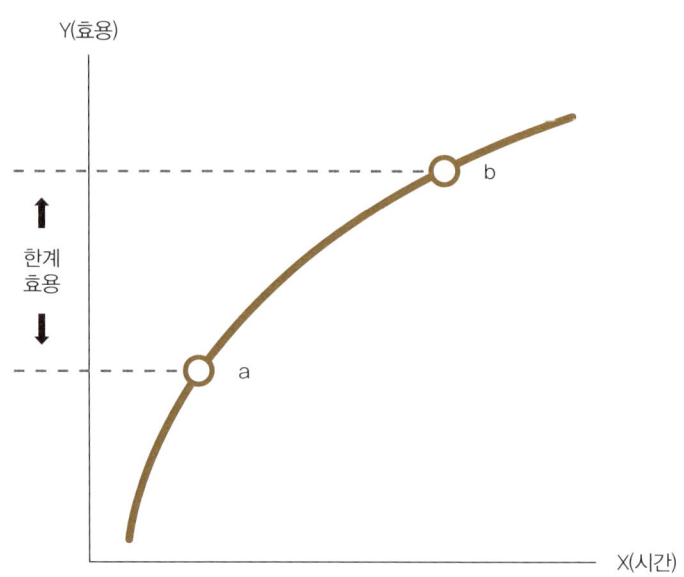

 과거 경제 발전의 흐름 속에서 부동산 가격 역시 가파른 상승을 보였다. 오히려 경제 성장과 개인 소득 증가율 이상으로 부동산 가격이 두드러지게 상승하면서 빈부 격차가 심화되었다. 주목할 점은 경제 성장과 소득 증가에 온 국민이 힘을 쏟았던 1970년대에 비해, 오늘날 소득과 자산 가격의 상승률이 점차 둔화되고 있다는 점이다. 자산 가격의 절댓값은 여전히 오름세지만 과거 고도성장기만큼의 상승률은 더 이상 기대하기 어려운 실정이다.

이는 경제학에서 말하는 '한계효용체감의 법칙'으로 설명할 수 있다. 자산의 규모가 커질수록 상승에 따른 효용이나 속도가 점점 둔화되는 것이다. X축이 시간, Y축이 효용(경제성장률 혹은 자산 가격 상승률)이라면 함수 그래프는 위로 볼록한 곡선 형태를 띠며 기울기가 점점 평평해진다.

a와 b를 비교하면 절대적 효용의 크기는 b가 a보다 크다. 하지만 b에서 시간이 흐를 때(오른쪽으로 이동할 때) 추가적으로 기대되는 Y값, 즉 기대되는 추가적인 효용은 a에 비해 줄어든다. 기울기가 평평해질수록 그렇다.

실제로 경제성장률만 보더라도 수십 년 전처럼 두 자릿수 또는 한 자릿수 후반대의 고성장은 이제 매우 어렵다. 결국 경제성장률도, 자산 가격 상승률도 점차 낮아지는 흐름에 놓여 있다. 높은 경제 성장은 초기에는 필수재화와 서비스의 접근성을 크게 개선하지만, 일정 소득 수준 이상을 넘어서면 성장의 효용은 점차 감소하게 된다. 이는 자산의 가격에도 동일하게 적용된다.

과거 한국의 부동산 시장은 주기적인 상승과 하락을 반복해왔다. 특징적인 점은 하락폭은 상대적으로 작고, 상승폭은 상대적으로 컸다. 이러한 흐름 속에서 '부동산은 기다리면 반드시 오른다'

는 이른바 부동산 불패신화가 형성되었다. 한국은 여전히 다른 선진국 대비 자산 가격 상승 여지가 일부 남아 있으나, 그 폭은 과거만 못할 가능성이 높다. 지금까지 정답처럼 여겨졌던 맹목적인 장기 보유 전략은 더 이상 안전한 선택이 아닐 수 있다.

행동경제학 관점에서 보면, 과거 상승 패턴에 대한 기대오류와 정보 앵커링이 한계효용체감의 법칙에 의해 좌절될 수도 있다. 이는 과거의 성공 공식을 그대로 대입할 경우 실망이나 손실로 이어질 수 있음을 시사한다.

어느 시점인지도 모를 어린 시절의 경험이다. 기억은 정제된 형태로 존재하는 것이 아니라 여기저기 파편처럼 흩어져 있기도 한다. 내 기억 속에 파편처럼 기억나는 한 장면이 있다. 초등학생 때 가끔씩 가던 동네 극장이 있었다. 영화 자체는 만화영화인지 홍콩 무술영화인지 기억나지 않는다. 또렷하게 기억나는 장면은 상영 전에 방영하던 '대한뉴스'다.

"우리나라는 올해 11%의 높은 경제성장률을 이룩하였습니다. 한편 미국과 캐나다 또한 4.2%의 견조한 성장률을 기록하였습니다."

모르는 단어가 2개나 있었다. '성장률'과 '견조한'이다. 어른들에게 물어서 겨우 단어의 뜻을 이해했다. 뒤이어 드는 의문은 이렇다.

'아니, 우리나라처럼 10% 정도는 되어야 하는 것 아닌가? 겨우 4% 정도 가지고 견조하다고 표현을 해?'

그때는 몰랐지만 내 생애 최초로 한계효용체감의 법칙과 마주한 순간이었다.

## 인구 감소와 부동산 시장

일반적으로 부동산 시장의 위험요소는 경제성장률 둔화, 금리 변화, 인플레이션 등이다. 자산 시장의 전망은 예측 불가능하고, 어느 누구도 확신할 수 없으며, 불확실한 부분이 있다. 상반되는 의견들이 난립하는 원인이기도 하다. 그러나 부동산 시장과 자산 시장에 이견이 없는 확실한 위험이 있으니 바로 인구 감소다. 부동산 가격이 유지되거나 상승하기 위해서는 누군가 동일한 금액 또는 더 높은 가격으로 매수할 주체가 있어야 한다. 부동산을 보유한 사람이 아니라 보유 예정인 주체가 있어야 한다. 그런데 그 보유 예정 주체의 절대적인 숫자가 줄어들고 있다. 가격의 상방 경직성과 하락 확률이 높아지는 요인이다.

인구가 감소하고 있다는 객관적 사실이 부동산 시장에 미치는 영향은 적지 않다. 인구가 감소하면 왜 가격이 약세로 돌아서는 걸까? 행동경제학적 이유를 알아보자.

### 1. 미래에 대한 불확실성 회피

인구 감소는 주택 수요의 장기적 감소 가능성을 예고한다. 부동산의 투자자들은 이에 대한 불확실성을 피하려는 경향이 강해지면서 부동산 투자에 소극적으로 임한다. 이를 미래에 대한 불확실성 회피라고 한다. 특히 젊은 세대는 장기 부동산 가격 상승에 대한 확신이 줄어들면서 주택 구매를 미루거나, 임차를 통해 주거를 해결하려는 의도가 커진다. 이러한 심리가 커지면 주택 구매 의사를 포기하기에 이른다. 주택 매매 시장의 거래 감소와 가격 하락 압력으로 이어질 수 있다.

### 2. 현상유지편향

기존의 부동산 보유자는 매수자가 없더라도 기존 자산을 유지하려는 성향이 강하다. 인구 감소로 불확실성이 커져도 보유자는 매도를 서두르지 않을 것이다. 일시적이지만 이로 인해 공급의 지연을 초래하며 시장 내 가격 조정이 비효율적으로 이뤄질 수 있다. 그러나 장기적으로 보면, 매수자가 감소하고 매물이 누적되면서 공급 과잉으로 가격이 급락할 수 있다.

### 3. 기대와 실제 간 괴리

머리로는 인구 감소가 부동산 투자 수요 감소로 이어질 것이라 이해하고 있으나 그 일이 매우 더디고 한참 뒤에나 진행될 것이라고 믿는다. 이러한 마음을 행동경제학에서는 기대와 실제 간 괴리(Expectations vs. Reality Gap)라고 한다. 과거의 경험에 근거해 부동산이 항상 안정적이거나 상승한다고 믿는다. 이는 인간이 '가까운 미래'를 과도하게 중시하고 '먼 미래'를 과소평가하는 심리와도 관련 있다. 비현실적 기대와 현실 인식 부족에서 비롯되며, 이 경우 인구 감소로 인한 수요 감소 신호를 과소평가할 수 있다. 자칫 가격 하락이 나타나면 소유자들은 예상치 못한 손실 회피 반응을 보이며 급격한 매도에 나설 수 있다. 이로 인해 시장에 급격한 가격 변동성이 초래된다.

### 4. 확증편향

자신이 믿고 싶은 정보만을 선별적으로 받아들인다. 여기에는 두 가지 방향성이 있다.

하나는 인구 감소가 주택 가격에 미치는 부정적 영향을 애써 무시하거나 긍정적인 예측만을 강조하는 경우다. 이러한 현상은 시장 내 지나친 비합리적 낙관론을 강화해 거품 형성의 위험을 증가시키고, 가격이 조정될 때 큰 파장을 일으킬 수 있다.

다른 하나는 즉각적인 비관적 태도를 견지하는 것이다. 현재의 인구 감소 예상이 미래에 어떤 결론으로 이어질지는 아무도 알 수 없다. 부정적인 예측이 유지될지, 반전될지는 아무도 모른다. '인구 감소=자산 가격의 무조건적인 폭락'이라는 등식을 세워 부동산을 아예 관심 밖에 두려는 심리도 존재할 것이다.

### 5. 정서적 의사결정

부동산 중 주택은 단순한 자산이 아니라 정서적 가치를 지닌 소비재다. 인구가 감소하더라도 사람들은 주택을 안정과 자산 축적의 수단으로 여길 것이기에, 수익성이 낮아져도 비합리적인 집착을 보일 수 있다. 특히 노년층은 자신의 주택을 팔아 이사하거나 자산을 줄이는 결정을 감정적 이유로 거부할 가능성이 크다. 이를 정서적 의사결정(Emotional Decision-Making)이라 한다.

## 6. 정부의 정책

막대한 예산을 쏟아부어도 인구 감소의 흐름을 막기가 어려운 것이 현실이다. 자산 시장의 문제뿐만 아니라 사회 전반적으로 심각한 위기가 대두될 수 있고, 국가소멸의 위기감도 생긴다. 정부에서도 이 문제를 인지하고 있는 상황이다. 다음은 제5차국토종합계획 '국토의 여건과 전망' 부분의 일부다.

우리나라의 총인구는 5,163만 명(2018년)이며, 출산율 저하로 인구성장이 둔화되고 고령화 현상이 급속히 진행. 합계출산율은 1970년 4.53명에서 계속 감소하여 2002년부터 초저출산율 수준(1.30 미만)이 지속되다가 2018년 0.98명으로 역대 최초로 1명 미만을 기록. 생산가능인구는 2017년부터 실질적 감소세로 전환하였고, 65세 이상 고령인구 비율은 지속적으로 증가하여 2018년 현재 14.3% 수준. 수도권과 대도시로의 인구집중 경향으로 도시지역 인구비율(도시화율)은 1970년 50.1%에서 계속 증가하여 2017년 91.8%를 기록. 지역 간 인구 이동은 도시지역 특히 수도권과 대도시로 집중 경향이 강하며, 지방은 인구 유출·감소로 인구정점 대비 절반 이상 감소한 중소도시 증가.

## 장래 인구 추계

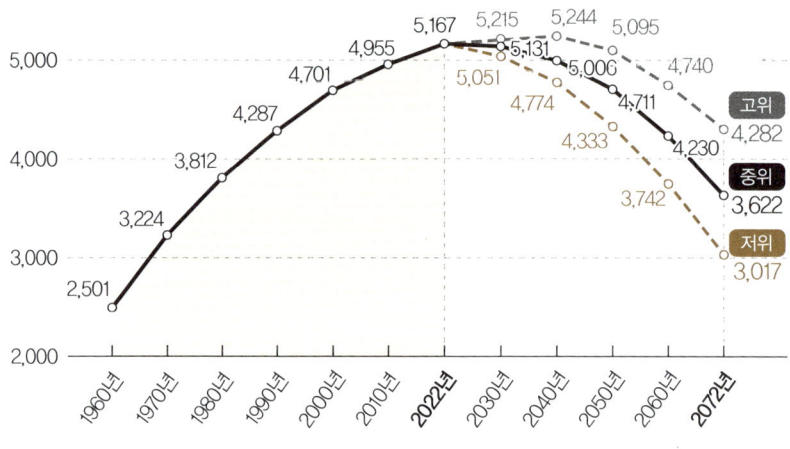

*자료: 통계청

문제를 정확히 인지하고 있는 모습이다. 통계청의 자료를 보면 더욱 심각한 상황임을 알 수 있다.

2023년 통계청이 발표한 〈장래인구추계: 2022~2072년〉에 따르면 49년 뒤에는 우리나라 인구가 현재보다 30%가량 줄어들 것이라 한다. 또 2072년 기준 전체 인구의 47.7%, 즉 절반이 고령인구라는 추산이 나왔다. 미래에 실현 가능성이 가장 높은 '중위 시나리오상'에 따르면 2072년 예측 인구는 3,622만 명이다.

소득활동 인구가 절대적으로 줄어들고 생산가능 인구가 급감하면 부동산 시장 역시 무사할 리 없다. 국토 전체의 공간 구성에 있어서도 일부 지역은 소멸을 피하기 어려울 것이다.

이에 따라 정부도 정책적으로는 상당한 고민의 흔적이 보인다. 이전 국토종합계획과 달리 제5차국토종합계획에서는 인구 감소의 충격을 줄이고자 국토 공간을 압축적으로 재편한다는 계획을 담았다. 주요 거점의 기반시설 계획을 인구 예측에 따라 현실화하고, 교통축·생활문화축 등 공간을 기능별로 구성함으로써 인구 감소로 지방 도시의 경제 활력이 떨어질 것에 대응한다는 것이다. 다시 말해 인구 감소에 대응해 정주체계의 집약화와 효율적인 인프라 공급 및 관리 방안을 강구하겠다는 것이다. 인구를 일정 지역에 분산해서 지역 소멸로 이어지는 것보다 '공간 집약'을 통해 어떻게든 지역 소멸을 방지하겠다는 눈물겨운 계획이다.

정부의 국토 정책과 예산 편성의 기준이 되는 가장 큰 밑그림인 제5차국토종합계획의 내용이 이러하다면 일종의 힌트를 얻을 수 있다. 인구 감소가 지금의 예상처럼 진행된다면 지역 내 핵심 중심지만이 자산 가치 하락에 상대적으로 안전하다는 결론에 이르게 된다. 감성과 감정에 치우치지 않는 합리적인 부동산 투자자라면 선택에 어려움이 있더라도 고용과 교통의 중심지만을 선택할 것이다. 중심지에서 조금이라도 벗어난 지역, 최선 다음 차선은 선택하지 않을 것이다.

행동경제학적으로 매우 인간적인 투자자와 이성적이고 합리적인 소비자 간의 의견 일치가 생길 것이다. 고용의 중심지, 교통 인프라가 편리한 지역, 기반시설이 잘 갖춰진 지역만 선호하는 극단적 양극화가 나타날 것이다.

강의를 하다 보면 정말 단골로 받는 질문 중 하나가 인구 감소 문제다.

"교수님, 시장에 대한 흐름과 요소 등은 다 이해가 되었어요. 그런데 인구 감소와 관련한 부동산 시장 전망에 대해서는 어떻게 생각하세요?"

"질문하신 부분이 부동산 시장에서 가장 중요한 상수 같습니다. 격하게 공감하는 부분이고요. 단순히 결론부터 말하면 인구 감소 시대에 적극적인 부동산 매수는 그 끝이 안 좋을 수밖에 없습니다."

"그러면 인구 감소에 따른 선제적인 대응으로 부동산은 사면 안 되겠네요?"

"꼭 그렇지는 않습니다. 왜냐하면 부동산은 자산의 가치도 있지만 주거하고 소비하는 공간으로의 사용가치도 있습니다. 물론 임차로 대처할 수 있지만 자가에 사는 것이 비용적으로 더 효과적일 수도 있고요. 인플레이션에 대한 대처도 가능하죠."

"그럼 사용가치 측면이 아닌 투자용 부동산 매수는 부정적이신가요?"

> "아닙니다. 각각이 바라보는 시야가 다르겠지만 교환가치 역시 아직은 있습니다. 다만 이전의 부동산 불패신화와 같은 개념이 계속 유지될지는 알 수 없습니다. 리스크가 있으니 이전보다 신중하게 투자해야 합니다."
>
> "어떤 부분을 더 신중하게 따져봐야 할까요?"
>
> "예전보다 더 중심지에 집중해야 합니다. 인구 감소 시대에는 투자 검토 대상 지역의 범위를 더 좁게 해석해야 합니다. 만일 역세권 부동산이라고 할 때, 과거에 도보 10분 거리에 만족했다면 이제 도보 7분 이내로 범위를 좁혀야 합니다. 부동산 가격이 오를 때는 최선과 차선의 상승률이 비슷했지만, 인구 감소 시대에는 양극화가 심화되어 가장 최선의 입지만 오를 수 있습니다. 입지가 가장 좋은 곳만 살아남는 승자 독식 가능성을 염두에 둬야 합니다."

## 부동산 가격 거품의 징후

부동산 시장에 유동성이 점차적으로 늘어나거나 일정 기간 가격 하락이 진행되면 바닥에 대한 인식이 생기게 된다. 처음에는 평균 소득이 높고 직장이 많은 몇몇 직주근접 지역의 거래량이 늘면서 이전의 고점을 회복했다는 이야기가 심심치 않게 들린다. 다만 부동산 시장이 전체적으로 오르거나 거래량이 늘지 않는다. 총량적으로 보면 거래량이 늘어나는 경우도 있지만 입지 좋은 선호지역의 거래량이 전체 거래량을 견인하는 경우다.

경제성장률이 증가하고 금리 인하 등 거시적 변수가 호전되면 선호지역과 인접한 다른 지역도 거래량이 늘고 가격이 반등하기 시작한다. 시장 전체의 부동산 거래량도 전반적으로 증가한다. 시간이 지나면서 가장 먼저 상승한 최선의 입지와 그 인근 차선의 입지는 후발 주자들에게 점점 부담스러운 가격으로 다가오게 된다. 이에 따라 자금 여력에 맞춰 또 다른 대안 지역, 즉 차선의 차선을 찾게 되고 점차 외곽 지역의 가격이 함께 상승한다.

이전에는 투자자들의 관심 밖이었던 지역도 덩달아 상승한다. 전형적인 부동산 시장의 풍선효과가 발생한다. 정부 당국은 각종 부동산 규제정책을 쏟아내기 시작한다. 고점에 대한 의견은 이내 무시된다. 부동산 시장에 실제 가치보다 가격이 높아지면서 거품이 쌓이기 시작한다. 인간적인 너무나 인간적인 소비자는 합리적인 사고보다는 행동경제학적 감성의 영역으로 빠져든다.

### 1. 군집행동

인간은 타인의 행동을 따라 하는 경향이 있다. 특히 부동산처럼 복잡하고 정보의 비대칭이 심화된 분야에서는 주위 사람들의 선택이 결정에 큰 영향을 미치게 된다. 거품이 진행되는 시기에 '다들 집을 사니까 나도 늦기 전에 사야 한다'는 심리가 퍼지면서 비합리적인 매수가 늘어난다. 이를 군집행동(Herding Behavior)이라 한다. 군집행동은 부동산 시장의 과열과 거품 형성의 주요 원인 중 하나이며, 가격이 지나치게 오를 때조차 사람들은 추격 매수를 멈추지 않는다.

## 2. 과도한 낙관주의

부동산 가격이 계속 오를 것이라고 낙관하는 분위기가 퍼지면서 거품 형성의 강력한 촉매가 된다. 가격이 오르는 시기에 사람들은 낙관적인 뉴스나 전문가의 의견만 선별적으로 수용하는 확증편향을 보인다. 과도한 낙관주의(Over-optimism)에 빠지면 경계의 목소리나 다른 관점의 의견은 아예 담아두지 않는다. 다른 거시적인 요소(금리 인상, 성장률 둔화 등)가 부정적인 시그널을 보내도 무책임할 정도의 낙관론이 유지된다.

## 3. 손실회피

부동산 가격이 거품을 향해가면 손실회피의 반대적 작용이 발생한다. 만약 지금 매수하지 않으면 더 비싼 가격에 사게 될 것이라는 두려움, 이른바 포모가 매수심리를 자극한다. 실수요자가 아닌 투자자는 집값이 더 오르지 않을까 하는 기회 손실에 대한 두려움이 발생한다. 그 결과 과도한 차입 투자로 이어지며, '영끌' '벼락거지'라는 단어가 언론 기사에서 자주 보인다.

### 4. 앵커링 효과

부동산 소유자들은 초기 가격이나 주변 사례를 기준으로 삼아 의사결정을 내리는 경향이 있다. 부동산 거품이 커지는 시기에는 이전 최고가격이 기준점(앵커)으로 작용해 비정상적인 가격에도 매수 결정을 정당화한다. 최근 몇 달 사이 비정상적으로 집값이 급등했음에도 정상적인 가격 상승으로 받아들인다.

### 5. 상호과신

거품이 진행되는 시기에는 부동산 투자자들이 자신의 예측이나 능력을 과신하는 경향이 짙어진다. 수년간 가격이 올랐다면 앞으로도 계속 오를 것이라는 막연한 믿음을 갖는다. 심지어 추가적인 수익 최적화를 위해 다주택 매입을 불사한다. 이러한 상호과신(Overconfidence and Extrapolation)에 빠지면 부족한 자금은 무리한 대출을 통해 조달하고, 상환이나 이자에 대한 부담을 가볍게 생각한다.

### 6. 후광효과

인기 지역이 먼저 오르면 그 주변 지역까지 덩달아 상승하는 후광효과(Halo Effect)가 나타난다. 거품으로 향해가는 과정이라고 볼 수 있다.

### 7. 타성효과 및 현상유지편향

부동산 시장의 거품이 커질수록 오른 가격에 대한 부담을 느끼기보다는 기존의 가격이 유지될 것이라는 기대가 강화된다. 부동산 가격이 급격하고 비정상적으로 올랐어도 차익 실현을 위한 매도보다는 더 오를 것을 기대하며 계속 보유한다. 타성효과 및 현상유지편향(Inertia and Status Quo Bias)은 거품 붕괴 시기까지 공급 과잉 문제를 감추고 가격 조정을 방해한다.

### 8. 정서적 의사결정

부동산은 정서적 가치로 인식되는 경우도 있다. 부동산 투자를 통해 안정감과 성취감을 얻으려 하고 이 과정에서 비합리적 결정을 내리기도 한다. 특히 시장이 과열될 때는 단순히 가격 상승감에 대한 기대뿐만 아니라 사회적 지위나 소유욕도 매수 결정을 부추기게 된다.

## 9. 지역적 풍선효과

부동산 시장의 거품은 특정 지역과 물건의 가격이 지속적으로 상승해 누적되는 경우도 있으나, 풍선효과가 계속 번져나가면서 거품의 전이현상이 나타나기도 한다. 평소 같으면 전혀 관심 밖인 지역도 좋은 투자처로 보이는 착시가 생기면 거품이 거의 확실시된다고 볼 수 있다.

2022년 여름쯤, 인상 깊은 전화 한 통을 받았다. 평소 알고 지내던 C씨였다.

"안녕하세요, 교수님. 통화 가능하세요?"
"아, 네. 안녕하세요. 말씀하세요."
"네, 제가 어제 아파트 분양하는 곳에 좀 다녀왔는데요. 어떨까 해서요."
"어디에 다녀오셨어요?"
"동두천이요."

"네? 동두천이요?"

"네, 맞습니다. 거기에 300세대 정도 되는 아파트를 새로 분양하는데요. 아직 가격도 저렴하고 신축이라 괜찮은 것 같아서요. 역에서 도보로 7~8분 정도 걸리고요."

"으음, 특별히 그 지역에 연고가 있으시거나 실거주 목적인가요?"

"아니요. 그냥 투자 목적이에요. 아시다시피 아파트가 다 올랐잖아요. 일산, 의정부, 양주 등 모두 올랐는데 여기는 아직 덜 올라서요. 주변 이미 투자한 사람들도 많고요."

"단순 투자 목적이면 입지와 향후 미래가치를 꼼꼼히 따져봐야 합니다. 그 지역이 나쁘다는 것은 아니지만 고용이 밀집되어 있는 서울과 너무 멀리 있는 느낌이고요. 단순히 가격이 싸다는 이유만으로는 긍정적으로 볼 수는 없어요."

"그렇기는 한데 제가 투자 시기를 놓쳐서 후회하고 있던 참이어서요. 이런 곳이라도 일단 투자해보려고요."

"네 알겠어요. 그런데 전 두 가지 면에서 일단 반대예요. 첫 번째로 전반적으로 집값이 이미 너무 부담스러운 수준까지 올라왔습니다. 다 오르니까 중심지역에서 점점 외곽지역으로 풍선효과처럼 수요가 늘어나는 거예요. 만일 지금 말씀하신 지역이 바라는 대로 오르고 나면 그다음엔 또 어디로 풍선효과가 퍼질까요? 거기서 더 가면 북한인데요. 두 번째로 최근에 한국은행에서 기준금리를 올리고 있는 중이에요. 금리 인상은 부동산 시장에 정말 중요한 변수예요. 무엇보다 말씀하신 지역까지 투자자가 몰렸다면 어쩌

> 면 끝물이 아닐까요?"
> "네, 교수님. 잘 참고할게요. 사실 혼날 것 알고 한 질문이었어요. 하하!"
> "네, 꼭 신중히 고민하세요."

　C씨는 부동산 가격 상승에 편승하지 못한 억울함이 있는 듯했다. 나중에 전해들으니 아무것도 하지 않았다고 한다. 그나마 다행이다. 실수요라면 상관없지만 단순 투자 목적으로 매수했다면 마음고생을 했을 것이다.

## 저점과
## 바닥의 징후

　하늘 꼭대기까지 오르기만 하는 자산이 없듯이 끝없이 하락하는 자산도 없다. 끝없이 하락할 것만 같은 자산도 반등하는 시기가 있을 것이다. 부동산 시장이 긍정적으로 반등하는 것은 단순한 심리 변화가 아닌, 후술할 여러 가지 거시적 경제 상황이 가장 중요한 요인이다. 이번에는 침체의 끝 또는 바닥에서 보이는 신호와 투자자의 행동에 대해 알아보겠다.

## 1. 공포의 극대화와 손실회피 심리

저점이 가까워질수록 시장 참여자들은 공포의 극대화와 손실회피 심리(Panic and Loss Aversion)에 빠진다. 극단적인 손실회피성향 때문에 공포에 휩싸인다. 과거 고점과의 큰 가격 차이가 손실을 실감하게 만들어 공포에 휩싸이게 한다. 사실 더 공포스러운 것은, 고점 대비 큰 폭의 가격 조정이 이뤄진 이후에도 추가 하락에 대한 불안감이 오히려 더 커진다는 점이다. 이러한 상황에서는 거래량이 급감하게 되는데, 이는 신규 매수자의 심리가 위축되어 시장에 진입하지 않고 매도자 역시 손해를 감수하면서까지 급히 매도하려 하지 않기 때문이다.

   매도자와 매수자 간의 거래불일치로 인한 거래량 감소가 일정 기간 지속되면, 자산 보유자는 '지금 팔지 않으면 더 큰 손실을 볼 수 있다'는 심리로 인해 헐값에 급매물을 내놓는다. 그 결과 가격이 더 하락하게 된다. 그러나 돌이켜보면 이때가 시장의 바닥인 경우가 많으며, 지나치게 공포가 팽배해졌다면 오히려 저점의 신호일 수 있다.

## 2. 군집행동의 반전

부동산 거품이 붕괴되기 전에 군집행동의 반전(Reversal of Herding Behavior)이 나타난다. 가격이 하락할수록 대다수의 사람은 부동산 매수를 미루며 하락세가 멈출 때까지 관망하려는 태도를 보인다. 그러다 일부 선도 투자자나 경험 많은 투자자가 저점 매수에 나서기 시작하면 다시금 시장에 매수심리가 살아나고, 이에 편승해 움직이려는 사람들이 늘어난다. 이때 거래량이 증가하는 현상은 투자심리가 다시 살아나고 있음을 보여주는, 바닥이라는 중요한 신호일 수 있다.

## 3. 비관론의 극대화

행동경제학적으로 바닥은 시장 심리가 가장 부정적일 때 형성된다. 사람들은 가격이 더 이상 오르지 않을 것이라는 비관론에 빠지고, 시장에 대한 언론 보도나 전문가 의견도 대부분 부정적으로 바뀐다. 아파트 미분양이 지속되고 분양 시장의 청약경쟁률도 하락한다는 이야기가 계속된다. 그러나 이러한 비관론의 극대화(Peak Pessimism)는 적어도 가격이 더 이상 하락할 여지가 적다는 신호일 수 있다.

2014년, 조금 오래된 이야기이다. 큰형님 뻘 되는 제자와 커피를 마시며 이야기를 나눴다.

"교수님, 요즘 부동산 시장이 너무 안 좋죠?"
"네, 그렇죠. 형님께서는 부동산 투자를 엄청 많이 하셨잖아요. 잘은 모르지만 좀 힘들 수도 있겠네요."
"네, 사실은 힘들어요. 너무 벌려놓았더니 대출 이자 감당도 어려운 실정이네요."
"그래도 꾸역꾸역 어떻게 버티다 보면 좋은 날이 오지 않을까요?"
"아뇨. 제 생각에는 그렇지 않아 보여요. 가지고 있는 부동산도 꽤 헐값에 거의 다 내놓았어요. 제 느낌은 우리나라에서 부동산 투자는 끝난 것 같아요."

매우 의외였다. 평소 남들이 부러워할 정도로 분석과 투자를 잘하던 분이었다. 배움과 학식도 남들과 비교가 어려울 정도로 뛰어난 분이었다. 그가 이토록 비관론에 빠진 이유는 무엇일까?

2005년 이후 부동산 가격이 한동안 강하게 오른 일이 있었다. 당시 참여정부는 서민들의 주거 안정을 위해 강력한 부동산 규제를 실행했다. 기억나는 규제만 해도 의무적 부동산 실거래가 신고, 투기과열지구 지정, 종합부동산세 신설, 대출 규제 및 관련 세금 규제의 강화 등이었다. 그럼에도 부동산은 폭등했다. 정부 정책의 실패라기보다는 과거 IMF 구제금융 신청 체

제를 극복하기 위해 푼 많은 유동성과 낮은 금리 등이 집값을 부양했다.

당시 정부의 강력한 부동산 가격 안정화 정책에도 불구하고 이를 비웃듯이 가격이 계속 올랐다. 그리고 2008년 9월 글로벌 금융위기로 부동산 시장은 급격하게 얼어붙었고, 고점 대비 폭락 수준의 가격 조정이 이뤄졌다. 실제로 2009~2014년 무려 5년간 경기부양책을 시행했음에도 백약이 무효처럼 침체가 진행되었다.

"완전 틀린 이야기라 생각하진 않지만 항상 떨어지기만 하는 자산이 있겠어요?"

"뭐, 경제가 회복되고 금리도 조정되면 반전이 있겠죠. 다시 좋아질 수도 있지만 저는 좀 비관적이에요. 이번 부동산 침체는 회복 없이 지속될 것 같은 느낌이 들어요."

2014년 무렵, 사람들의 머릿속에 여러 생각이 각인되었는데 주로 추가적인 폭락론에 대한 것이었다. 은행별 BIS(자기자본비율) 인상에 따른 유동성 회수, 가계부채의 증가 속도 등 나름대로 설득력 있는 근거가 제시되었다.

대화를 나눈 제자는 절대로 경제 문외한이 아니다. 오히려 전문가라 불릴 만한 식견을 지녔고, 남을 가르치기에도 부족함이 없는 분이다. 이런 분이 부동산이 끝났다고 이야기하니 머릿속에 갑자기 어떠한 생각이 떠올랐다.

'이제 진짜 바닥이 온 걸까?'

## 4. 상대적 가치와 투자의 유혹

한국의 부동산 시장은 금융 자산인 주식 시장과 가격이나 지수가 동행하는 경향이 강하다. 만일 주식 등이 오르는데 부동산 시장만 잠잠하다면 상대적 저평가 기류가 형성되고, 투자가치와 손익 계산과는 별개로 정서적 이유로 주택 매수를 고려하기 시작한다. 이를 상대적 가치와 투자의 유혹(Relative Value and Temptation to Buy)이라 한다.

정서적 이유로 부동산 매수를 하는 계층은 "집값이 떨어지든 오르든 상관없어. 내가 필요해서 사는 거야."라는 이야기로 본인의 매수 의지를 밝히기도 한다. 하지만 그 이면에는 '진짜 바닥인지 아닌지 모르지만 꽤 조정받은 것 같으니 나쁘지 않아'란 마음이 도사리고 있다. '여기서 더 떨어져 봐야 얼마나 더 떨어지겠어?' '이만 하면 바닥이지. 설마 더 떨어지기야 하겠어?'하는 식의 생각이 반영되어 있다.

## 5. 거래량의 증가와 잠재적 매수자 등장

저점에 가까워질수록 부동산 거래량이 서서히 증가하기 시작한다. 가장 확실한 반등 신호라고 볼 수 있다. 가격이 일정 수준까지 하락하면 더 이상 떨어지지 않는다는 신호가 나타나고, 이때 매수 대기자들이 시장에 진입한다. 이러한 일련의 과정을 거래량의 증가와 잠재적 매수자 등장(Increasing Volume and New Buyers)이라 한다.

거래량이 증가하면 투자자들은 하락이 멈췄다는 심리적 안정감을 느끼며 추가 매수에 나서게 되고, 일부 지역의 가격 상승 보도가 뒤따른다. 시장 참여자 입장에서는 '적어도 내가 산 가격보다 더 낮게 거래되지는 않겠지'라는 일종의 신뢰가 쌓여간다.

## 6. 고착된 생각의 변화

바닥이 가까워질수록 사람들이 이전 고점 가격에 집착하는 경향(앵커링 효과)이 점차 약해진다. 이를 고착된 생각의 변화(Anchoring Effect Dissipation)라고 한다. 물론 완전히 사라지는 것은 아니다. 가격 하락이 충분히 오래 지속되었다면 사람들은 새로운 기준가격을 받아들이기 시작한다. 이후 초기에 반등해서 오른 가격이라도 당연한 상승으로 받아들인다. 여기에 방어논리로 '물가도 오르는데 집값은 가만히 있겠어?'라는 생각을 하게 된다.

### 7. 정책 변화와 외부 충격

정부나 금융기관의 정책적 개입이 부동산 시장에 긍정적인 영향을 줄 수 있는 방향성으로 펼쳐지면 시장에 심리적 안정을 제공한다. 금리 인하, 대출규제 완화, 세제 혜택 등 정책 변화와 외부 충격(Policy Changes and External Triggers)이 매수심리를 자극하며 바닥 형성을 촉진할 수 있다. 특히나 금리정책의 변화로 인한 유동성 확대는 즉각적인 반응을 가져올 수 없으나 점진적으로 시장에 긍정적인 영향을 미친다.

# 4장.
# 호모 이코노미쿠스의 부동산 투자

01. 호모 이코노미쿠스란 무엇인가?
02. 호모 이코노미쿠스의 투자패턴
03. 시스템 1의 세계
04. 시스템 2의 세계

# 호모 이코노미쿠스란 무엇인가?

호모 이코노미쿠스(Homo Economicus)는 경제학에서 가정하는 합리적 인간의 개념이다. 자신의 이익을 극대화하기 위해 논리적이고 합리적인 결정을 내리는 무결점의 존재를 의미한다. 이익을 극대화하고 비용을 최소화하는 선택을 내리며, 감정에 휘둘리지 않고 오직 자기 이익과 합리적인 계산을 통해 움직이는 것이 특징이다.

부동산 투자에 있어서도 호모 이코노미쿠스는 철저하게 시장 정보, 가격 전망, 위험관리 등에 기반해 최적의 결정을 내린다. 당연히 불완전하고 감성적인 존재인 인간은 호모 이코노미쿠스를 바라보고 관찰할 뿐, 그들처럼 사고하고 행동하는 것은 매우 어려울 것이다.

## 호모 이코노미쿠스와 현실적 인간

호모 이코노미쿠스에 대한 설명을 듣다 보면 너무 냉정하고 인간미가 없어 보인다. 때때로 너무 냉정해서 '꼭 그렇게 살아야 하나?' 하고 울분을 터뜨릴 수도 있겠다. 이 세상에 호모 이코노미쿠스처럼 사고하는 투자자만 있다면 역설적으로 부를 축적하는 사람은 없을 것이다. 모두가 합리적이고 이성적인데 더 나은 의사결정이 있을 리 없다. 자본의 격차는 남보다 뛰어난 통찰력과 지식, 행동력이 있을 때 비로소 벌어질 수 있다.

### 1. 호모 이코노미쿠스를 AI로 만든다면

호모 이코노미쿠스는 인간적인 너무도 인간적인 현실적 인간과는 전혀 어울리지 않는 주체다. 실체가 없는 인간일 수도 있다. 이성적이고 합리적인 세상의 모든 지식을 탑재한 AI(인공지능)의 모습이 더 현실감 있을지 모른다. 부동산 투자에 최적회된 한국형 호모 이코노미쿠스를 AI로 구현할 수 있을까?

AI에게 한국 부동산의 특성을 입력하고 투자의 의사결정이 구현되도록 하는 것이다. 아마도 검토 가능한 요소로는 한반도의 면적, 전체 인구 및 지역별 인구, 전철과 도로 등 기반시설 예정값, 학군, 지역별 선호지, 주택의 선호 형태, 지역별 소득, 고용의 중심지로부터의 거리값, 이동의 용이성, 단지 규모, 커뮤니티 시설의 존재, 조망, 환경적 요소, 첨단시설 접근성, 의료시설 이용 용이성, 정부 규제 여부, 지역별 개발계획, 지역 간 상대적 반사이익 반응 여부, 자산의 유동성 정도, 각 지역별 미래 가치, 필지별 모양과 용도구역, 공법상의 규제 여부, 인허가 용이성, 국가 전체의 경제성장률과 지역별 성장률, 고용의 증감 여부, 지역별 소득 수준, 원자재 가격의 변화량, 물가 동향, 금리 추이, 미 연준 이사회의 점도표, 미국의 물가상승률, 미 실업급여 신청률, 북한과의 관계, 중동의 평화 여부 등이 있겠다.

물론 더 있을 것이다. AI는 이러한 요소의 현재값과 과거값을 분석해 어떻게 경제와 부동산 시장에 영향을 미쳤는지 검토할 것이다. 단순히 결과값만 도출하는 것이 아니라 다양한 검증을 통한 딥러닝으로 진실에 가장 가까운 예상을 순식간에 보여줄 것이다.

투자자는 고민하지 않고 예상 결과가 적힌 보고서를 보고 실행만 하면 된다. '잘못 투자하면 어떡하지?' '더 나은 선택은 없을까?' 하는 의구심이나 불안감은 더 이상 존재하지 않는다.

## 2. 이상주의에 몰두한 과거 경제학

경제학에서 항상 내세우는 전제가 있다. 무언가를 설명할 때 '다른 조건이 일정하다면'이란 말을 덧붙인다. 하지만 하나의 사회적 현상이나 결과가 그러한 조건 통제를 전제로 나타난다고 볼 수 있을까? '완전 경쟁을 가정하면'과 같은 전제 역시, 가끔씩 나타나는 예외적인 현상을 일반화하려는 오류일 수 있다.

단어와 표현은 '합리적 인간'과 '이성적 사고'라고 하지만, 듣는 입장에서는 존재하지 않는 전제와 있지도 않은 희박한 이상주의에 가까운 가정으로 인간의 경제활동을 해석한 것처럼 보인다. 물론 정통 경제학이나 주류 경제학이 인류에게 기여한 바는 매우 크다. 적어도 오류투성이인 인간에 왜 틀렸는지, 왜 그 의사결정이 최선이 아니었는지에 대한 기준을 명확히 제시했다.

## 3. 호모 이코노미쿠스의 쇠퇴과 현실적 인간

정통 경제학을 발전시키고 이를 기반으로 국가별 빈곤과 불합리를 개선하려고 해도 해결되지 않은 문제는 언제나 존재했다. 잘 짜인 경제이론을 바탕으로 기준을 제시하고 실천해도 결국 행동하는 주체는 인간이기 때문에 한계가 있다. 호모 이코노미쿠스와 같은 인간은 현실에서는 존재하기 매우 어렵다.

경제학적 연구도 현실에 존재하는 인간, 행동경제학적 인간에 대한 연구가 더 활발하다. 실제로 최근 노벨경제학상 수상자들을 보면 행동경제학자의 비중이 높아지고 있다. 인간의 경제활동과 의사결정을 실제 삶의 맥락에서 바라보는 접근이, 이상화된 호모 이코노미쿠스보다 훨씬 현실적이기 때문이다.

# 호모 이코노미쿠스의 투자패턴

### 그들의 투자는
### 무엇이 다를까?

현실적이지 않은 호모 이코노미쿠스가 부동산 투자를 한다면 어떤 의사결정을 내릴까? 더 나아가 어떤 고민을 갖게 될까? 정통 경제학이 제시한 '완전한' 투자자라면 아마도 다음의 열 가지 기준을 철저히 준수할 것이다. 다만 부동산만 바라보는 것을 전제로 한다. 만약 모든 자산을 동일선상에 두고 비교한다면, 어떤 시기에는 부동산 투자가 적절하지 않다고 판단할 수도 있기 때문이다.

### 1. 수익 극대화와 비용 최소화

투자 결정을 내릴 때 최대 수익을 올릴 수 있는 방법을 선택할 것이다. 일단 철저히 투자수익률(ROI; Return on Investment)을 계산할 것이다. 예상되는 임대 수익, 자산의 가치 상승률, 세금 부담 등을 모두 고려한다. 비용 절감 전략도 필수적인 고려 대상이다. 취득세, 보유세, 중개수수료, 유지·보수 비용 등 모든 관련 비용을 고려해 최대한 절감할 것이다. 수익 극대화와 비용 최소화(Profit Maximization and Cost Minimization)가 곧 그들의 지상 과제다.

### 2. 리스크 최소화

리스크 최소화(Risk Management), 즉 위험관리를 매우 중요하게 여긴다. 부동산 투자 시 분산 투자를 통해 위험을 줄인다. 예를 들어 한 지역에만 집중 투자하지 않고 여러 지역에 분산 투자할 것이다. 물론 똘똘한 한 채가 더 유리한 의사결정이라면 그에 맞게 움직일 것이다. 부동산 시장의 경기 사이클을 분석해 시장이 과열될 때는 투자를 자제하고, 저점일 때 매수한다. 금리 변동과 경제 상황을 예측해 대출 조건(고정금리 vs. 변동금리)도 신중히 선택한다. 금리 인상 가능성이 크다면 변동금리 대출을 피하고 현금 비중을 높이고, 대출이 불가피하면 고정금리 대출을 선택한다.

강연을 하다 보면 대출 조건에 대한 질문을 많이 받는다.

"교수님, 제가 대출을 받아야 하는데요. 변동금리와 고정금리 중에 선택해야 하는데 무엇을 기준으로 판단해야 될지 모르겠어요."

"흠, 딱 하나만 가지고 판단하면 될 것 같아요."

"어떤 부분인데요?"

"스스로에게 질문해보세요. 은행이 손해보는 장사를 할까요?"

"물론, 그러지 않겠죠."

"그럼 지금 받으실 수 있는 고정금리 대출과 변동금리 대출의 이율이 어떻게 되죠?"

"네, 변동금리는 5.52%이고, 고정금리는 4.81% 정도예요."

"그리고 질문 하나 더, 향후 한국은행 기준금리는 어떻게 될 것 같으세요?"

"조금씩 내려갈 것 같아요."

"은행에서는 변동금리와 고정금리 중 어떤 것을 권하던가요?"

"당장은 고정금리가 더 저렴하고 금리가 올라도 약정된 금리 이상은 변동이 없으니 안정적이라고 하더라고요."

"네, 일반적으로 고정금리와 변동금리를 비교하면 고정금리의 금리가 높은 편입니다. 은행이 이자율 리스크와 시장 변동성 리스크를 떠안기 때문에 이러한 프리미엄이 고정금리 대출에 반영된 것이죠. 그런데 이건 향후 금리가 오를 것이라 예상할 때 가능한 가정입니다."

"은행에서는 금리가 도리어 오를 경우에도 추가적인 부담이 없고, 심지어 변동금리보다 고정금리가 낮으니 선택하지 않는 게 이상하다고 하더라고요."

"아~ 그러면 변동금리보다 더 낮은 고정금리를 제시하면서, 금리가 오르면 더 받을 수 있는 이윤까지 은행이 포기하겠다는 거네요? 은행이 대단히 착한 마음을 가지고 있네요. 특별히 선생님에게 혜택을 주는 걸까요?"

"글쎄요."

"조금 전에는 한국은행 기준금리가 내려갈 것 같다고 예상하셨잖아요. 한국은행 기준금리가 내려가면 대출 금리가 모두 내려갑니다. 고정금리는 고정되어 있으니 금리 변동과 무관하게 그대로지만, 변동금리는 오를 때는 안 좋아도 내릴 때는 이득을 보겠죠."

"그렇죠."

"은행은 절대로 손해 보는 장사를 하지 않아요. 금리가 오를 것 같으면 고정금리를 높여서 리스크에 대비하고, 내려갈 것 같으면 변동금리보다 낮은 고정금리를 제시해서 안정적으로 예대마진을 확보하겠죠. 금리가 내려가는 시기에는 특히 주의가 필요합니다. 변동금리를 선택한 경우 초기에는 고정금리보다 이자가 높겠지만, 시간이 지나면서 기준금리가 떨어지면 결국 변동금리가 고정금리보다 낮아지는 상황이 발생할 수 있어요."

"아, 그럼 교수님. 은행은 금리가 내려갈 것이라고 예상되면 대출고객을 일단 고정금리로 붙잡아두고, 변동금리에서 발생할 손해액에 대비하는 거네요."

"네, 이제 정확히 이해하셨네요."

## 3. 완전한 정보와 데이터 분석

호모 이코노미쿠스는 완전한 정보와 데이터 분석(Perfect Information and Data Analysis)을 추구한다. 모든 관련 정보를 수집하고 분석한다. 과거와 현재의 부동산 가격 데이터와 미래 전망을 분석한다. 인구, 지역별 성장률, 지역별 개발계획, 교통 인프라 확충 여부 등을 평가한다. 주택 임대료, 공실률 등 시장 지표를 바탕으로 수익성을 예측한다. '이 지역이 이래서 마음에 든다' '이 지역은 이 부분이 정이 간다' 하는 감정적 요소를 배제하고 데이터 기반으로만 의사결정을 한다.

## 4. 시간가치와 할인된 미래 가치 계산

호모 이코노미쿠스는 미래 수익의 현재 가치를 정확히 계산한다. 미래에 얻을 수 있는 임대료나 매도 시 자산 가치를 할인율(Discount Rate)로 조정해 현재 가치로 환산한다. 투자 기간 동안의 현금흐름(Cash Flow)도 감안한다. 예를 들어 10년 뒤 매도할 계획이라면 10년 후 예상 매매 가치를 현재 가치로 환산해 투자 여부를 결정한다. 미래 수익의 현재 가치가 기대 이하라면 투자 대상에서 제외한다.

## 5. 기회비용 고려

기회비용(Opportunity Cost)을 고려해 장기적인 관점에서 미래에 얻을 기대가치를 계산한다. 아무리 미래에 수익이 기대되는 투자처라고 해도 결과를 가져오는데 시간이 너무 오래 걸리면 적절한 기회가 왔을 때 투자할 자금이 부족해진다. 물론 부동산 투자는 장기적인 관점에서 접근하는 것이 맞다. 다만 그 기간이 '매우' 장기적이면 적절한 투자라고 보기 어렵다.

> "교수님, 저희 옆 동네가 재개발 움직임이 보여요. 요즘 동네에서 동의서를 받고 막 난리예요."
>
> "네, 그러세요. 동네가 어디인데요?"
>
> "○○구 ○○동인데요. 바로 옆에 시장도 있고요."
>
> "최근에 정부가 재개발 구역에 대한 지정 완화를 추진하고 있으니까 어느 정도 영향이 있나 보네요."
>
> "네, 그래서 저도 거기에 투자해보는 것은 어떨까 싶어요. 최근에 가격이 많이 오르기는 했지만요."
>
> "그런데 거긴 아직 정비기본계획수립도 진행되지 않은 지역인데요?"
>
> "네? 기본계획이요?"
>
> "네, 선생님. 정비사업을 추진하려면 가장 먼저 해당 지역이 정비기본계

획수립지역으로 포함되어야 해요. 이후 정비구역으로 지정되고 노후도, 접도율 등 정량평가 기준을 충족해야 하죠. 그리고 추진위원회 구성, 조합설립인가, 사업시행인가, 관리처분계획인가, 이주 및 철거, 착공, 준공의 순서로 진행됩니다."

"그럼, 교수님. 첫 단계에서 입주때까지는 얼마나 걸리나요?"

"그건 뭐라 말하기가 어렵네요. 구역별로 너무 상황이 달라서요. 말씀하신 지역은 아마 재개발 지역으로 추진될 텐데 그 분야는 소요시간에 대한 통계가 적은 편이에요. 재건축의 경우 서울시 통계에 따르면 추진위원회 승인에서 준공까지 평균 10.8년이 걸린다는 자료가 있어요. 다만 평균일 뿐이고 개별로 보면 정말 상상 이상으로 오래 걸린 지역도 있습니다."

"얼마 정도 걸렸는데요?"

"네, 정비기본계획수립에서 입주까지 38년 걸린 지역도 있어요."

"38년이요? 어휴!"

"물론, 끝을 보는 투자만이 능사는 아닐 수도 있어요. 어차피 중간에 사업이 진행되는 과정에서 가격은 꾸준히 오르거든요. 매각할 기회가 중간중간 생길 거예요. 다만 말씀하신 지역은 정말 초창기 지역입니다. 비록 최근에 기대감으로 시세가 오르긴 했지만 장기전을 각오해야 합니다."

"네 고민을 해봐야겠네요."

"어쩌면 우리 시대에서 안 끝날 수도 있어요. 결국 자식들 좋은 일만 시킬 수 있죠."

## 6. 투자 포트폴리오 최적화

호모 이코노미쿠스에게는 모든 자산이 포트폴리오 대상일 수 있다. 그들은 투자 포트폴리오 최적화(Portfolio Optimization)를 통해 금융 자산과 부동산 자산을 적절히 배분할 것이다. 만일 부동산 투자에 국한된 포트폴리오를 짤 경우 주거용 자산뿐만 아니라 비주거용 자산인 상가, 토지 등도 적정한 비율로 매입할 것이다. 부동산 가격을 지배하는 거시경제 상황에 따라 과열된 시기에는 매도하고, 하락한 시점에 매수할 것이다.

## 7. 심리적 요인 배제

호모 이코노미쿠스는 감정적 편향을 배제한다. 심리적 요인 배제(No Emotional Bias)를 통해 주관적인 이유로 투자를 하지 않고 오직 데이터와 수익성만을 고려한다. 타인의 행동(군집행동)에 휘둘리지 않으며, 주변 사람의 의견이 아닌 자신만의 분석에 따라 의사결정을 하게 된다. 부동산 가격이 하락할 때도 공포에 휘둘리지 않고, 매도와 매수를 계산된 전략에 따라 실행한다.

## 8. 최적 시점에 매수·매도

분석을 통해 최적 시점에 매수·매도(Optimal Timing for Buy and

Sell)를 단행한다. 경제 지표와 부동산 경기 사이클을 분석해 저점에 매수하고, 가격이 상승하면 매도할 것이다. 하락장에서도 투자 기회를 포착해 저평가된 부동산을 매수한다.

### 9. 세금 최적화

세금 혜택을 최대한 활용해 세금 최적화(Tax Optimization)를 진행한다. 정부의 부동산 양도소득세 인하, 취득세 인하 등에 발맞춰 투자 계획을 조정한다. 절세를 위해 법인 설립이나 부동산 신탁과 같은 대안을 고려하기도 한다.

### 10. 장기적 관점에서 의사결정

단기 차익보다는 미래 가치 상승을 목표로 장기적 관점에서 의사결정(Long-term Perspective)을 내린다. 미래 인구 변화, 도시 개발 계획, 교통망 확장 등 장기적인 요소를 분석해 부동산의 미래 가치를 예측한다. 수십 년씩 초장기로 투자수익률을 예측하지는 않지만 최소 10년 정도는 기간을 두고 가치를 분석한다. 단기적 변동성에 휘둘리지 않고 장기적인 목표를 설정해 미래 가치를 예측한다.

결과적으로 호모 이코노미쿠스의 부동산 투자는 데이터 기반의 합리적 의사결정, 수익 극대화, 비용 최소화, 감정 배제라는 특징을 가진다. 이러한 투자자는 리스크 관리와 기회비용 고려를 통해 최적의 포트폴리오를 구성하고 비교적 장기적인 관점에서 시장을 분석한다. 그러나 현실은 이와 다르다. 부동산 투자자의 행동이 완벽하고 합리적이지 않다. 우리는 감정적 요인에 영향을 받고, 불확실성 속에서 완전한 정보를 얻기 어렵고, 군집행동에 휘둘리기도 한다. 행동경제학은 이러한 이유로 이상화된 호모 이코노미쿠스 모델의 한계를 지적하며 인간적이고 너무나 인간적인 실제 투자자의 행동을 현실적으로 이해하려고 노력한다.

# 시스템 1의 세계

시스템 1은 직관적이고 자동적인 사고를 의미한다. 빠르고 즉각적으로 작동하며 무의식적으로 이뤄진다. 어떤 노력이나 의식적 통제가 거의 필요하지 않고 감정의 영향을 받는다. 시스템 1은 본능적이고 직관적이며 순간적인 판단을 내리는 영역이다. 사실 장점이 많은 사고체계다. 시간이 부족하거나 복잡한 계산이 필요 없는 일상적인 상황에서 빠르게 판단을 내릴 수 있어 유용한 측면이 있다. 우리 일상은 예고 없이 닥치는 순간적인 상황의 연속이기에, 빠르고 직관적인 사고방식인 시스템 1은 반드시 필요한 행동양식이다.

> **여기서 잠깐!**
>
> **시스템 1과 시스템 2란?**
> 행동경제학의 창시자 대니얼 카너먼은 사람이 사고(思考)할 때 시스템 1과 시스템 2의 서로 다른 체계가 작동한다고 생각했다. 그는 『생각에 관한 생각』을 통해 시스템 1과 시스템 2의 차이를 설명한다. 시스템 1은 어떤 소리를 들으면 갑자기 고개를 돌리는 것처럼 즉각적인 인상, 감정적 반응 등에 의존해 빠르게 행동하는 체계를 말한다. 시스템 2는 1에 비하면 느리지만 논리와 이치를 따져서 분석적 사고를 하는 시스템이다.

자동차 운전 시 반사적으로 반응하는 행동은 시스템 1의 영역이다. 갑자기 다른 차량이 끼어들었을 때 브레이크를 밟거나 핸들을 조작하는 것이 대표적이다. 생각할 필요 없이 바로 행동하는 것은 순간 판단이므로 본능과 경험에 기반한 시스템 1이라 할 수 있다. 아는 사람을 발견하면 바로 알아채고 인식하는 것도 시스템 1의 반응이다. 얼굴을 인식하고 반응하는 데는 생각이 필요하지 않다. 또 상대적으로 단순한 선택에 있어서도 시스템 1이 작동한다. 슈퍼마켓에서 상품을 고를 때 과거에 사용한 제품을 선택하는 것도 시스템 1의 판단 결과다.

하지만 투자 분야에 있어서 시스템 1은 지양해야 한다. 시스템

1에 의존하면 감정이나 편견의 영향을 많이 받기 때문에 오류를 범하기 쉽다. 고정관념, 편견, 착각이 개입되기 쉬운 상황에서 부정확한 판단을 내릴 가능성이 높다. 일상적인 행동에서의 시스템 1은 자연스럽고 당연한 결과지만 부동산 투자에서는 고민하고 숙고할 필요가 있다. 순간적으로 판단해서 좋은 결과를 얻는 투자는 없다. 충분히 시간을 갖고, 체계적이고 이성적으로 판단해도 결코 늦지 않다.

이 밖에 경험이나 학습은 충분한데 오히려 너무 많은 정보와 지식이 이성적이고 합리적인 판단을 저해할 수 있다. 원래 정보는 정보 자체보다 수많은 정보 중에서 정말 필요하고 유용한 것만을 선별해 수용하는 것이 중요하다. 하지만 자칫 주저하거나 오래 고민한 끝에 오히려 잘못된 선택을 할 수도 있다.

## 시스템 1의 오류와 부동산 투자

### 1. 과도한 자신감

대부분의 부동산 투자자는 자신의 직관이나 경험에 대한 신뢰가 지나치게 높다. 이에 과도한 자신감(Overconfidence)에 빠지기 쉽다. 특히 부동산 가격이 상승하는 시기에는 이러한 자신감이 더욱 커지게 된다. 심지어 부동산 시장을 쉽게 예측할 수 있다고 생각하고, 시장의 변동이나 불확실성을 과소평가한다. 조정 국면에서도 이러한 생각은 달라지지 않는다. 과도한 자신감으로 무리한 투자를 단행하면 손실을 볼 위험이 커진다.

## 2. 과거 데이터에 대한 지나친 의존

과거 데이터에 대한 지나친 의존(Recency Bias)은 최근 부동산 가격 상승이나 하락 추세에 지나치게 의존해 미래에도 같은 흐름이 계속될 것이라 판단하는 경향이다. 수년간의 집값 흐름을 기준으로 향후에도 같은 흐름을 보일 것이라 예상한다. 시장은 언제든 변화한다. 하늘 끝까지 오르는 자산은 없고, 바닥을 모르고 추락하는 자산도 없다. 추정이 아니라 객관적 데이터를 바탕으로 장기적인 시각에서 접근해야 한다.

## 3. 무리한 추종심과 유행 따르기

무리한 추종심과 유행 따르기(Herd Mentality)는 다른 사람들이 특정 지역에 투자하거나 집을 사는 모습을 보고 무작정 따라 하는 경우다.

최근 서울 강남 부동산 투자자 중 상당수가 주소지가 수도권이 아닌 경우가 많다. 잘 아는 지역일 수도 있지만 어쩌면 익숙하지 않은 먼 지역일 수 있다. 본인의 지역 내에서도 가장 선호하는 지역이 있을 테데, 왜 생소한 지역에 투자한 걸까? 부동산 시황이 긍정적이지 않은 때 특정 지역만 가격이 활성화되는 양극화가 다른 지역 거주자의 투자심리를 자극했을 가능성이 크다. 결과가 좋을 수도 있고 그렇지 않을 수도 있다. 그러나 합리적이고 이성적인 투자패턴이라고 볼 수는 없을 것이다. 투자 과정에서 분석이나 냉정함은 전혀 보이지 않는다.

### 4. 확증편향

자신이 투자하려는 지역이나 물건에 대한 긍정적인 정보만 받아들이고 부정적인 정보는 무시하는 경향이다. 특정 지역이나 물건에 일단 생각이 집중되면 그곳에 대한 긍정적인 자기 논리를 전개한다. 다른 사람의 이야기는 이미 들어오지 않는다. 한 발짝 떨어져서 객관적으로 봐야 하는데 다른 의견은 귀담아듣지 않는다. 이미 확증편향이 마음속에 고정된 것이다.

"교수님, 제가 투자하려고 마음먹은 곳이 있는데요. 주말에 한 번 다녀왔어요."

"네, 그러세요. 어떤 지역인데요?"

"네, 그 지역 인근에서 도시재생사업이 진행된다고 최근에 시에서 발표를 했고요. 나름 괜찮은 효과가 있을 것 같아요."

"그럼 동네가 정비되고 나름대로 깨끗한 지역이 되겠군요. 하지만 재개발·재건축처럼 엄청 큰 효과가 있는 것은 아닙니다. 해당 지역이 아니라 옆 동네라면 더욱 그렇고요."

"네, 그렇기는 한데 그 지역에도 영향이 있을 것 같아요. 지인들도 관심이 많고요. 또 주변에 여성병원이 하나 들어선다고 해요."

"냉정하게 보면 말씀하신 지역은 역세권도 아니고, 아직은 교통이 다소 불편한 지역입니다. 사소한 변화 하나하나에 너무 큰 기대를 걸기보다는 보다 냉정한 기준으로 비교해볼 필요가 있습니다."

"주변에 초등학교와 중학교도 가깝고요. 시장도 있어서 환경적으로는 나쁘지 않아 보여요."

"교육환경이나 다른 편의성도 중요하지만 투자 목적이라면 교통이 가장 중요합니다. 고용 중심지와의 접근성이나 거리를 따져봐야 해요."

"주변에 산책하기 좋은 둘레길도 있어요!"

"흠, 실거주 목적인가요?"

"아닙니다. 단순 투자 목적이에요."

"선생님께서 계속 그 지역의 장점만을 보면서 저를 설득하려고 하시는

데요. 저를 설득하고 말고는 중요한 문제가 아닙니다. 모든 투자가 자신이 책임지고 행하는 것이지만 일단 저는 반대입니다. 좀 더 미래 가치가 큰 지역으로 알아보는 것은 어떨까요?"

"네 알겠습니다. 교수님."

    대화를 나눈 분은 이미 무슨 이야기를 해도 납득하는 분위기가 아니었다. 시쳇말로 필이 꽂힌 느낌이다. 한 발짝만 떨어져서 보면 좋겠지만 쉽지 않아 보인다.

## 5. 앵커링 효과

앞서 여러 차례 언급한 부분이다. 과거 특정 가격에 집착하는 경향을 말한다. 예를 들어 7억 원에 나온 매물을 먼저 접하게 되면, 이후에 비슷하거나 가격이 조금만 비싸도 상대적으로 고가로 인식되어 투자 결정을 주저하게 될 수 있다. 상승하는 시장에서는 시시각각 가격이 변하기도 하는데 이를 인정하지 않는다.

    앵커링 효과로 인해 두 가지 생각이 생길 수 있다. 첫째는 내가 처음 본 가격이 표준이기 때문에 그보다 비싸면 거품이라고 생각한다. 사실 상승기라면 일정 수준의 추격매수도 있을 수 있지만 망설이면서 시기를 놓쳐버린다. 둘째는 아예 늦었다고 포기하는 것이다. 주저주저하는 사이 가격이 더 오르게 되면 관심 속에서 멀어지고 만다. 약간의 좌절감도 동반될 것이다.

한편으로는 과거에 제시된 가격이 절대적인 가격으로 앵커링되어 매도를 못하는 경우도 있다.

"교수님, 제가 상속받은 토지가 있는데요. 최근에 누가 사려고 해서요. 이번에 파는 것이 맞는지 모르겠어요."

"어떤 토지인데요?"

"네, 저희 고향에 있는 땅인데요. ○○면 △△리 □□번지 토지예요."

"농림지역이고, 도로가 접해 있기는 한데 폭이 그다지 넓지 않네요. 나중에 용도지역이 변경되는 특별한 경우가 아니라면 미래 가치가 크다고 볼 수 없어요. 인근 IC와도 거리가 좀 있고요. 다른 문제가 없다면 매각하시는 게 어떨까요?"

"아 그래요? 그런데 이 땅은 아버님이 살아계실 때 한 6년 전쯤 누군가 8억 원을 부르기도 했어요. 그런데 이번에 5억 원을 불러서 망설여져요."

"여러 사정이 있었겠지만 그때 8억 원에 파는 게 나았을 텐데요. 최근 그 지역 시세는 어떤가요?"

"네, 저희 토지와 비슷한 물건이 4억~5억 원 정도 하는 것 같아요."

"제 생각으로는 5억 원이 아주 비합리적인 땅값으로 보이지는 않는데요. 토지에 묶여 있는 자금의 기회비용까지 고려하면 적극적으로 매도 고민을 해보셔야겠네요."

"네, 잘 알겠습니다. 하지만 예전에 8억 원에 팔 수 있었는데 5억 원에 팔려고 하니까 좀 찜찜해서요."

"뭐, 무슨 말씀인지는 알겠어요. 여유가 된다면 계속 보유하는 것도 나쁘지 않겠지만 적어도 그 땅은 당장은 미래 가치가 커 보이지 않아요. 이번에 결단을 내리시는 게 어떨까요? 물론 8억 원이라는 금액이 눈앞에 아른거리겠지만요."

"네, 고맙습니다. 교수님."

과거 8억 원이라는 금액이 정말 합리적인 액수인지는 알 수 없다. 살 생각이 없는데 그냥 넌지시 금액을 던져본 것일지도 모른다. 실제로 토지의 위치와 용도를 보면 그만한 가치가 있어 보이지 않았다. 오래 보유해도 별반 장점이 있어 보이는 토지가 아니었기에 차라리 매각대금으로 좀 더 비전 있는 곳에 투자하는 게 나아 보였다. 하지만 대화를 나눈 분은 이미 '8억 원'에 사고가 고정되어 대단히 몰입한 상태였다. 8억 원 이하에 매도하는 것은 손해라고 생각하는 눈치였다.

## 6. 손실회피성향의 역설적 결과

손실을 피하려는 심리가 강해져서 위험을 지나치게 회피하거나, 이미 하락한 자산을 끌어안고 더 큰 손실을 보는 경우다. 부동산 가격이 떨어지면 손해를 인정하기 싫어 매도를 망설이게 되고, 반대로 가격이 오르면 추가 상승을 기대하며 좋은 매도 기회를 놓치고 만다. 한편 매수 후 매수액보다 가격이 하락하면 아예 매각을 포기하는 경우가 많다.

궁극적으로 가격이라는 것은 매매가 되어야 떨어진 가격인지, 오른 가격인지 알 수 있다. 그런데 아예 거래가 안 되면 거래를 포기함에 따라 일정 수준으로 가격이 지지되는 것처럼 보인다. 더구나 부동산은 거래액과 비용이 다른 자산에 비해 높은 편이라 더욱 매매 포기가 많다.

부동산은 사용가치의 기능도 함께 존재하기 때문에 직접 사용하거나 임대용으로 전환해 버티는 경우가 많다. 하락장이 오면 팔지 않고 끈기 있게 버틴다. 이후 일정 시간이 지나면 부동산 시장 분위기가 좋아지면서 이전의 가격을 회복하거나 더 높이 오르기도 한다. 이런 부분에선 손실회피성향이 꼭 부작용만 있는 것은 아닌 것 같다.

### 7. 현재편향

단기적인 수익을 얻고자 성급하게 매매하면서 부작용을 일으키기도 한다. 단기적 수익을 얻고자 무리한 대출을 받아 부동산을 매입하거나, 수익이 나지 않는다는 이유로 조급함에 서둘러 매도하게 되는 경우다. 부동산은 장기적인 관점에서 투자하는 것이 유리한 자산이다. 그런데 시스템 1의 영향을 받아 단기 수익에 집중하는 우를 범하곤 한다.

가끔씩 듣는 질문이 있다.

"교수님, 설명하신 여러 부동산의 가치투자 측면들은 잘 알겠어요. 그런데 세금이 너무 부담이 되어서요."

"세금이요? 어떤 세금 말씀이실까요? 양도소득세 같은 것일까요?"

"네, 맞아요. 매수 후 1년 이내에 팔면 세금이 반 이상 나가더라고요. 절세할 수 있는 방법은 없을까요?"

"선생님은 주로 단기 투자를 하시는군요. 빈번하게 사고팔아서 시드머니를 키우려는 거죠?"

"네, 맞아요."

"부동산 투자는 다른 금융자산보다 더 긴 호흡으로 투자해야 합니다. 그렇게 단기적으로 투자해서 제대로 수익이 나올까요? 주식도 우량주식을 꾸

준히 장기적으로 보유하는 것이 맞다고 하잖아요. 부동산은 더더욱 그렇습니다. 저는 권장하고 싶지 않아요."

"오르지 내릴지 모르는 변동성 심한 시장에서는 차라리 단타가 나을 것 같아서요."

"제 생각에는 투자에서 수익 회수까지 좀 급하게 생각하시는 것 같습니다. 중간에 의도한 대로 일이 잘 안 풀릴 가능성이 많아요. 기본으로 돌아가서 차분히 투자하고, 자신의 투자에 대한 소신을 갖고 일정 기간 보유하면 결과가 좋을 거예요."

"네, 알겠습니다. 교수님."

부동산 투자를 통해 자산을 빠르게 늘리려는 기대감이 크고 마음이 조급한 경우다. 특히 다양한 교육이나 강연을 들으며 이제 막 의욕적으로 공부를 시작한 초보 투자자일수록 이런 경향이 두드러진다. 그런 이들에게 단기 투자로 수익을 내기 어렵다고 솔직하게 말하면, 처음엔 허탈함과 실망감을 드러낸다. 심지어는 분노나 경멸의 시선을 보내기도 한다. 당장은 아무리 현실적인 조언을 건네도, 아무리 정성껏 설명해도 쉽게 받아들이지 않는다.

# 시스템 2의 세계

## 시스템 2의 세계

시스템 2는 논리적이고 숙고하는 사고체계다. 느리고 논리적이며 의식적이고 노력이 필요한 사고체계다. 여러 가능성을 비교하고 평가하는 과정을 거친다. 분석, 추론, 계획 등 철저하게 고민한 후에 투자 결정을 내린다. 시스템 2는 체계적이고 신중한 분석을 통해 복잡한 문제를 해결하고, 깊은 숙고가 필요한 의사결정을 돕는다. 많은 에너지를 필요로 하며, 자주 작동하면 피로를 느끼게 된다. 주로 시스템 1이 실수하거나 불충분하다고 판단될 때 개입한다.

시스템 2는 인간이 논리적으로 사고하고 정확한 판단을 내리는 데 핵심적인 역할을 한다. 직관적인 시스템 1은 빠르고 효율적이지만 때때로 오류를 범할 수 있다. 그래서 시스템 2는 이를 보완해 더 나은 결정을 내릴 수 있도록 돕는다. 특히 재무계획, 전략적 의사결정, 윤리적 판단 등에서 중요하게 작동한다.

부동산 분야에서는 직관적인 시스템 1을 기반으로 투자하는 경우가 많다. 특히나 다른 이에게 영향을 받아 빠르게 의사결정을 내리는 오류를 범하곤 한다.

꽤나 늦은 저녁이었다. 전화가 울린다.

"네, 여보세요?"
"교수님, 안녕하세요. 늦은 시간인데 죄송합니다. 꼭 여쭤볼 게 있어서요."
"아, 네. 말씀하세요."
"며칠 전에 제가 교수님께 여쭤본 아파트를 오늘 오후에 보고 왔는데요. 마침 매물이 없더라고요. 그런데 좀 전에 부동산에서 막 내놓은 매물이 있다고 살 의향이 있으면 당장 내일 아침에 계약해야 한다고 재촉을 하네요. 가

격이 오르는 시기라 그런지 물건이 나오면 바로 계약이 된다고 하면서요."

"며칠 전에는 다른 2~3개 지역과 비교해보겠다고 하셨는데, 다른 곳도 이미 다녀오셨어요?"

"아니요. 다른 곳은 아직이요."

"아무리 매물이 없어도 다른 지역과 좀 비교를 해보고 결정하는 것이 낫지 않겠어요? 지금의 선택이 최선이 아닐 수도 있잖아요."

"네, 그럴 수도 있긴 한데 매물이 없다니까 마음이 급해져서요."

"좀 더 신중하게 고민해보고 결정하는 것은 어떠세요? 선생님, 자녀에게 컴퓨터 하나를 사줄 때도 CPU 용량, 메모리카드 용량, 그래픽카드 사양, 저장치 크기 등 성능을 비교해보고 구입할 텐데요. 심지어 판매처마다 같은 부품이어도 가격이 다를 테고요. 100만 원 정도 하는 컴퓨터도 이렇게 따져보고 사는데, 수억 원씩 하는 집을 그렇게 사는 건 이상해 보입니다."

"네, 좀 더 돌아보고 판단해볼게요."

"오늘이나 내일 꼭 사야만 하는 부동산은 이 세상 어디에도 없어요. 신중하게 판단하세요."

시스템 1은 빠르고 자동적이며 직관적인 사고를 담당한다. 반면 시스템 2는 느리고 논리적이며 의식적인 분석을 통해 문제를 해결한다. 시스템 1은 일상적인 의사결정에 적합하지만 복잡한 상황에서는 시스템 2가 필요할 것이다.

두 시스템은 상호보완적이지만 때로는 갈등을 일으킬 수 있다. 시스템 2의 눈과 머리로 검토를 해도 막상 의사결정을 내릴 때는 시스템 1에 의존하기도 한다.

## 시스템 2의
## 활성화 조건과 한계

시스템 2는 단순한 일상 업무보다는 주의가 필요한 상황에서 작동한다. 예를 들어 수학 문제를 푸는 것, 논리적 퍼즐을 해결하는 것, 새로운 개념을 학습하는 상황 등에서 활성화된다. 본능적인 반응이 적절하지 않은 상황에서 시스템 2가 작동을 시작한다.

부동산 투자는 객관적이고 논리적인 판단이 매우 중요하지만, 주변을 보면 즉흥적이고 비논리적인 시스템 1의 결정이 더 많은 비중을 차지하는 것으로 보인다. 후회와 실제 손해가 발생하는 치명적인 원인일 것이다. 시스템 2는 많은 에너지를 소비하고 시간이 오래 걸린다. 피로하거나 시간이 부족한 상황에서는 효율적으로 작동하지 못한다. 그래서 사람들은 시스템 2를 작동시키는 것을 꺼려하는 경향이 있다. 그러지 말아야 할 상황에서도 종종 시스템 1에 의존한다. 부동산 투자 시 올바른 결정을 하기 위해서는 시스템 2를 기반으로 시간을 두고 신중히 판단해야 하지만 이 자체를 귀찮게 여긴다.

가장 쉬운 것은 시스템 2를 뒤로 밀어두고 시스템 1을 작동시켜 스스로를 합리화하는 것이다. 그리고 시스템 1의 의사결정을 정당화하는 논리를 만들어 스스로를 위로한다. 이러한 태도는 시스템 2의 가장 큰 걸림돌이다.

물론 시스템 2라고 해서 완벽하진 않다. 시스템 2가 편향을 극복하는 데 중요한 역할을 하지만 완전히 자유로울 순 없다. 예를 들어 확증편향을 극복하려면 의도적으로 논리적 사고를 적용해야 하지만, 피곤하거나 시간에 쫓길 때는 시스템 2조차 이러한 편향에 억눌릴 수 있다. 한편으로는 이해가 되는 부분이기도 하다. 정확한 논리와 사고를 하기에 현대인은 시간과 여유가 항상 부족하다.

시스템 2는 복잡한 금융 투자, 법률적 판단, 의료 진단 등에서 중요한 역할을 한다. 예를 들어 환자의 증상 데이터를 분석하고 정확한 치료 계획을 세우는 과정에서는 직관보다 체계적 분석이 필요할 것이다. 전략적 비즈니스 결정에서도 시스템 2는 필수적이다. 감정이나 직관적 판단에 의해 왜곡되지 않으므로 보다 정확하고 신뢰할 수 있는 결정을 내릴 수 있다. 데이터 기반 분석이나 장기적 목표를 고려한 계획을 세울 때 더욱 유용하다. 합리적이고 체계적인 접근으로 오류를 줄이고 성공 확률을 높일 수 있다.

참고로 시스템 2는 연습과 훈련을 통해 효과적으로 사용할 수 있다. 논리적 사고 훈련, 비판적 사고 훈련, 복잡한 문제 해결 연습 등이 이에 포함된다. 부동산에서 시스템 2를 적절히 적용하려면 상당한 학습과 경험이 필요하다. 엄밀하게 말하면 경험보다 제대로 된 학습이 필요할 수 있다. 실제로 사람들과 대화해보면 시스템 2를 방해하는 편향된 경험이 많이 축적되어 잘못된 선택을 내리는 경우가 많다.

# 5장.
# 무엇이 가격을 결정하는가?

01. 정부의 부동산 정책
02. 부동산 시장 지표 팩트체크
03. 가격에 반비례하는 거시 변수
04. 가격에 비례하는 거시 변수
05. 가격에 영향을 미치는 검룡소를 찾아서
06. 여러 변수가 즉각적으로 반응하지 않는 이유
07. 무임승차효과에 대하여
08. 언제 매각해야 하는가?

# 정부의 부동산 정책

 부동산 가격이 오를 때 또는 침체되었을 때 정부의 역할이 분명히 있다. 부동산 가격이 오르면 서민들의 내 집 마련의 꿈이 어려워진다. 사회 구성원 간의 위화감이 심화되어 건전하지 못한 사회 분위기가 형성된다. 반대로 부동산 시장이 침체되면 사회 전반적으로 활력이 떨어진다. 전반적인 경제성장률에도 영향을 미치게 된다.

 부동산 시장이 안정화되어 적절한 수준의 가격 상승이 이뤄지면 좋겠지만, 현실적으로 '중간'의 영역이 장기간 유지되기는 어려워 보인다. 부동산 시장의 과열과 침체, 어떤 방향이든 정부 입장에선 정부가 나서길 바라는 국민의 요청을 도외시하기는 어렵다. 분석해보면 정부의 부동산 정책은 크게 네 가지로 결론 지을 수 있다.

첫째, 금융정책이다. 부동산의 투자 수요를 누르거나 완화시킨다. 둘째, 조세정책이다. 규제 강화와 완화가 반복된다. 셋째, 도심 내 공급정책이다. 부동산 가격이 상승하면 공급 부족이라는 단어가 두드러져 보이고, 하락하면 쏙 들어가는 경향이 있다. 넷째, 신도시 정책이다. 부동산 가격이 상승할 때는 적극적인 신도시 건설을 추진하며 관련 정책을 발표하는 한편, 반대의 경우에는 신도시 건설에 소극적인 모습을 보인다.

그렇다면 과연 정부의 부동산 정책은 부동산 시장을 안정화하는 데 효과가 있을까?

## 정부의 금융정책

부동산 시장에 공급되는 유동성을 조절하는 정책이다. 흔히들 생각하는 금리 인하나 인상은 엄밀하게 말하면 부동산 시장에만 영향을 미치는 금융정책은 아니다. 금리는 부동산뿐만 아니라 경제 전체에 미치는 거시적 정책에 해당한다.

### 1. 대출 한도의 조절

부동산 가격이 상승하면 수요 억제를 위해 대출 한도를 조절한다. 대표적인 것이 LTV(Loan To Value ratio)다. 주택을 담보로 돈을 빌릴 때 인정되는 자산가치의 비율로, LTV가 60%일 때 5억 원짜리 주택담보대출을 요청하면 3억 원(5억 원×0.6)이 최대 한도다. 모든 지역에 동일한 LTV를 적용할 수 있으나 일반적으로 가격상승률에 따라 지역을 구분해 규제하곤 한다. 조정대상지역, 투기과열지구, 투기지역 등으로 구분해서 기본적인 LTV에 추가적으로 한도를 낮추기도 한다. 반대로 부동산 가격이 안정화되거나 침체기일 때는 규제지역을 해지하거나 LTV의 한도를 높인다.

### 2. 대출자 상황에 따른 한도 조정

동일한 지역, 동일한 LTV라고 하더라도 대출신청자의 소득, 다주택 여부 등에 따라 한도를 조정한다. 대표적인 개념이 DTI, DSR, 스트레스DSR이다. 하나씩 살펴보자.

첫째, DTI(Debt To Income ratio)는 주택담보대출을 받을 때 연

간 상환해야 하는 금액을 연소득의 일정 비율로 제한한 것이다. 동일한 대출담보를 제공하더라도 소득에 따라 대출 비율이 달라진다. 간혹 서민에게는 불리하고, 고소득자에게 유리한 제도라는 비판에 시달린다.

둘째, DSR(Debt Service ratio)은 전체 금융부채의 연간 원리금 상환액을 대출자의 연소득으로 나눠 계산한다. 주택담보대출, 신용대출, 카드론 등 모든 대출이 포함된다. DSR은 소득으로 대출 한도를 정하는 방법이다. 정부는 DSR 등의 비율을 조정해 대출 규제정책을 편다. DSR 40%면 1년간 상환할 금액이 연소득의 40%가 넘지 않아야 한다는 것이다. 규제를 완화할 때는 이 비율을 높인다.

셋째, 스트레스DSR은 변동금리 대출 등을 이용하는 대출자가 대출 기간 중 금리 상승으로 인해 원리금 상환 부담이 상승할 가능성을 감안한 것으로, DSR 산정 시 일정 수준의 가산금리를 부과하는 것이다. 대출에 대한 심리적 규제책이라고 볼 수 있다. 추가적으로 높아지는 금리 부담으로 인해 실질적인 가처분 소득이 감소해 대출을 꺼리게 하는 효과가 있다.

넷째, 다주택자의 대출 불허다. 다주택을 보유한 대출 신청자의 경우 처음부터 대출 자체를 거부하는 것이다. 대출 한도보다는 대출 가부의 문제이므로 다주택자에 대한 금융 페널티라고 볼 수 있다.

### 3. 금융 지도를 통한 규제

금융당국이 시중은행에 지침 등을 통해 대출 한도를 자체적으로 제어하게 하거나 일정한 가산금리를 적용시켜 투자 수요를 제어하는 방식이다. 다른 규제와 달리 기간적으로 단기적일 수 있으며 꼭 바람직하다고 볼 수는 없다.

## 조세를 통한 규제

조세정책 역시 대표적인 부동산 관련 정책이다. 대부분은 앞서 언급한 금융 규제를 통해 시장에 개입하지만, 원하는 결과가 나오지 않으면 이러한 조세에 대한 규제 카드를 사용하는 경향이 있다.

### 1. 보유세

부동산 관련 보유세는 지방세인 재산세와 국세인 종부세로 나뉜다. 보유세를 인상할 때는 세 가지 방법이 있다. 과세 기준이 되는 과표를 인상하는 방법, 세율을 인상하는 방법, 과표와 세율을 모두 인상하는 방법이다. 반대로 부동산 침체기 또는 안정기에는 세율 인하 또는 과표 인하가 이뤄진다.

### 2. 거래세

대표적으로 지방세인 부동산 취등록세와 국세인 양도소득세가 있다. 취등록세 인상은 주로 다주택 취득 시 페널티 성격의 추가적인 세율을 적용하는 방식으로 이뤄진다. 양도소득세 또한 다주택자에게 높은 세율을 적용하는 데 초점이 맞춰진다. 부동산 안정기 때는 세율 인하 및 다주택자에 대한 규제를 완화하는 방식으로 거래 활성화를 꾀한다.

## 도심 내 공급정책

일반 시민이 원하는 주거지역은 직주근접 지역이다. 그러나 기존의 도심지역은 이미 주택이 빼곡히 자리하고 있다. 그럼에도 위치가 좋은 지역에 신규 주택을 공급할 수 있는 방법이 있다. 재건축·재개발, 역세권 개발 등이다.

### 1. 재건축의 규제 및 완화

상승장은 모든 지역이 오르면서 시작되지 않는다. 가장 선호하는 지역이 먼저 상승한 다음 인근 지역으로 상승세가 퍼져나간다. 부동산 시장이 과열되면 정부는 먼저 집값 상승의 진원지인 서울, 그중에서도 강남 지역의 규제를 시행한다. 특히 강남 재건축 지역은 미래 신규 아파트 공급에 대한 기대감으로 가파른 상승세를 주도하므로 주요 규제 대상이다. 대표적으로 재건축 안전진단을 쉽게 통과하지 못하게 하는 안전진단 요건 강화, 조합원 지위 양도 금지, 재건축초과이익환수 강화 등으로 투자 수요를 제어한다. 반대로 부동산 안정기에는 안전진단 요건 완화, 재건축초과이익환수 면제 또는 완화, 투기과열지구 해제를 통한 조합원 지위 양도 가능 등 규제 완화를 실시한다.

### 2. 재개발의 규제 및 완화

정부는 시황에 따라 재건축과 함께 도심 내 주택 공급의 양대산맥인 구도심 재개발 구역의 규제 또는 완화를 진행한다. 집값 상승기에는 재개발 전매제한, 신규 정비구역 지정 요건 강화, 분양가 상한제를 통한 개발이익 제한을 통해 투기적 수요를 차단한다. 부동산 침체기 또는 안정화 시기에는 재개발 전매제한 완화, 정비구역 지정 요건 완화를 통해 공급을 촉진한다.

### 3. 역세권 개발

역세권 개발은 부동산 가격 상승기에는 논의 자체를 하지 않다가, 가격 침체기가 오면 원활한 직주근접 지역 공급을 위해 촉진 정책을 펼친다. 추가적인 용적률 상향 및 개발이익환수 축소 등을 통해 기존 지역 소유자의 이익을 보전하면서 빠른 개발 추진 흐름을 조성한다.

## 신도시 정책

신도시 정책은 부동산 가격 상승이 나타날 때 특히 빈번하게 출현한다. 공급이 빠르게 되면 부동산 수요를 희석시키면서 가격이 안정될 수 있다. 도심 내 주택 공급의 경우 위치상 이점이 있으나 이미 소유자, 임차인 등이 거주하고 있는 공간이어서 다양한 이해관계가 존재한다. 그래서 도심 내 주택 공급은 계획보다 훨씬 더디게 진행될 수 있는 반면, 신도시 건설은 다르다. 신도시 건설은 국가 또는 공공이 주도하는 주택 공급이므로 속도 면에서 도심 공급보다 효율적일 수 있다.

대부분 도심에서 외곽 경계에 위치한 개발제한구역에 공급하므로 입지도 나쁘지 않다. 기존 거주지가 아니어서 다양한 이해관계로 인한 분쟁의 확률도 낮다. 도심 내 공급은 신규 주택을 공급해도 사실상 순증가분이 많지 않다. 기존 소유권자들이 새롭게 건설한 주택에 들어가고 남은 주택이 신규 분양되기 때문이다. 반면 신도시는 공급하는 숫자만큼 순증가분이다. 따라서 공급이 부족하다고 판단되면 반복적으로 신도시 카드를 꺼내든다.

그러나 정부는 부동산 가격이 안정화되거나 침체되면 계획된 신도시를 더디게 추진하는 경향이 있다. 사실 가격이 안정화된 시기에 꾸준히 주택을 공급해야 장기적으로 부동산 가격이 안정화될 수 있다.

지금까지 정부가 취할 수 있는 네 가지 조치에 대해 알아봤다. 그럼 정부의 부동산 정책이 시장 안정에 효과가 있을까? 정부의 부동산 정책은 규제 그리고 완화가 계속 반복되는 것 같다. 그럴 때마다 효과가 있긴 있는 건지 의문이 든다.

　강력한 규제가 상승기 때 집값 안정화에 도움이 되었을까? 규제 완화가 침체기 때 시장 부양에 기여했을까? 결론적으로 그다지 영향이 없다고 본다. 실제로 상승기 때 수차례 부동산 가격 안정화 정책에도 시장에는 큰 영향을 미치지 못했다. 문재인 정부 시절에도, 노무현 정부 시절에도 마찬가지였다. 반대로 부동산 침체기 때 '빚내서 집 사세요!'라고 했던 박근혜 정부의 부동산 부양책도 큰 효과는 없었다. 정책 무용론이 제기되는 배경이다. 물론 책임감 있는 정부라면 부동산 가격의 폭등과 급락에 가만히 있으면 안 된다. 어떤 식으로든 정책적 노력을 기울이고 대책을 고민해야 한다.

　그럼 도대체 무엇이 부동산 시장을 지배하는 것일까? 무엇이 가격에 영향을 미치는 것일까? 조금만 기다려주시라. 곧 결론이 나온다.

# 부동산 시장 지표 팩트체크

 부동산 시장을 전망할 수 있는 여러 가지 지표가 있다. 향후 부동산 시장의 흐름이 어떠할 것인지 예측하고 논리를 펼치기 위해서는 주관적인 직관이나 감이 아닌 최소한의 근거가 있어야 한다. 이때 근거로 쓰이는 대표적인 지표가 한국은행 경제통계시스템과 한국부동산원 부동산통계정보에 있다.

 한국은행 경제통계시스템에서는 주택매매가격지수, 주택전세가격지수, 기준금리, 경제성장률, M2 증감률을, 한국부동산원 부동산통계정보에서는 아파트 매매가격지수, 아파트 매매 거래 현황, 미분양 주택 현황을 확인할 수 있다. 하나씩 알아보자.

## 한국은행 경제통계시스템

### 1. 주택매매가격지수

한국은행 경제통계시스템에서 볼 수 있는 부동산 통계 중 가장 많이 인용되는 통계다. 이 지수는 2021년 6월의 매매가격지수를 '100'으로 설정하고 100보다 위에 있으면 기준 시점보다 높은 상태, 100보다 아래에 있으면 기준 시점보다 낮은 상태라고 본다. 일정 시간이 지나면 매매가격지수의 기준이 되는 시점을 수정하면서 물가상승률 등에 따른 장기적인 오류를 보정한다.

### 2. 주택전세가격지수

전셋값은 주택 가격의 선행지표라는 연구결과가 많다. 전셋값이 오르면 매매가격을 밀어올린다는 일반론도 존재한다. 실증연구에 따르면 전셋값과 매매가격이 반드시 비례 관계에 있는 것은 아니라는 결과가 있으나, 확률적으로 상당히 높은 인과관계가 있음은 확실하다. 부동산 시장을 예측하는 측면에서 참고할 만한 통계임은 틀림없다.

전세가격지수를 관찰하는 법은 100을 기준으로 100보다 크

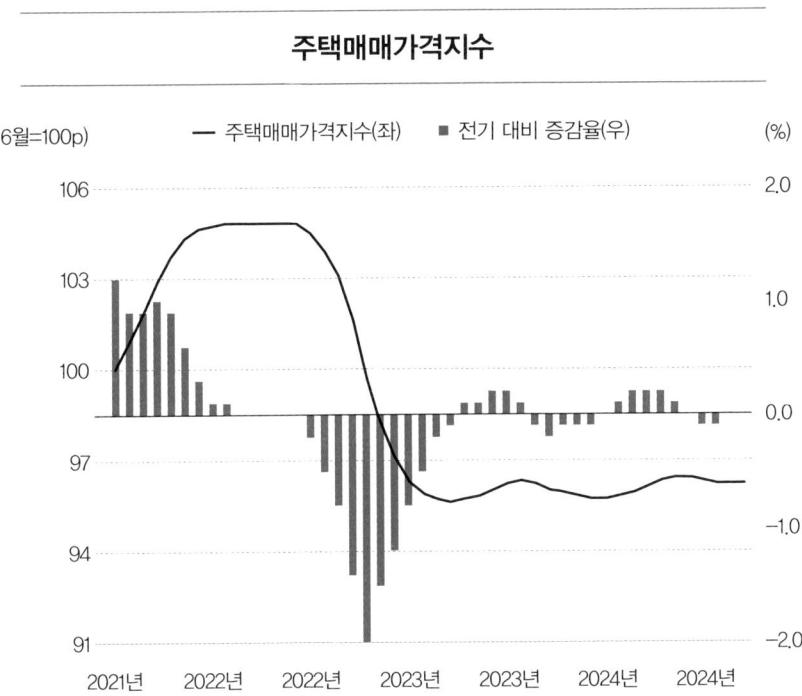

## 주택매매가격지수

(2021년 6월=100p) — 주택매매가격지수(좌) ■ 전기 대비 증감율(우) (%)

면 전세 공급보다 전세 수요가 많아 전셋값이 강세라는 의미고, 100보다 작으면 전세 공급보다 전세 수요가 적어 전셋값이 안정적이라는 의미다. 다만 단순한 지수상의 수치보다는 전월 또는 전전월 대비 증감률의 변화를 관찰하는 것이 더 중요하다. 점차적으로 전세가격지수가 증가하는 흐름이라면 전셋값이 상승한다고 인식하는 것이 옳다.

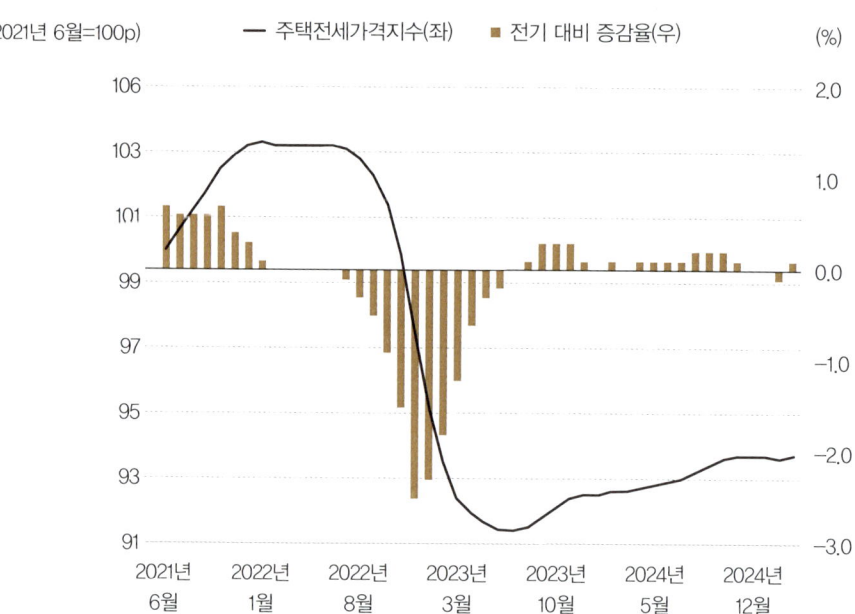

## 3. 기준금리

한국은행의 기준금리는 물가, 경제성장률, 소득, 부동산 시장, 주식 시장 등에 가장 큰 영향력을 미치는 자료다. 좀 더 직접적인 영향력을 미치는 금융채 금리, 회사채 금리 등이 있지만 기본적인 금리 수준을 판단할 수 있는 가장 중요한 지표가 바로 한국은행 기준금리다.

## 기준금리

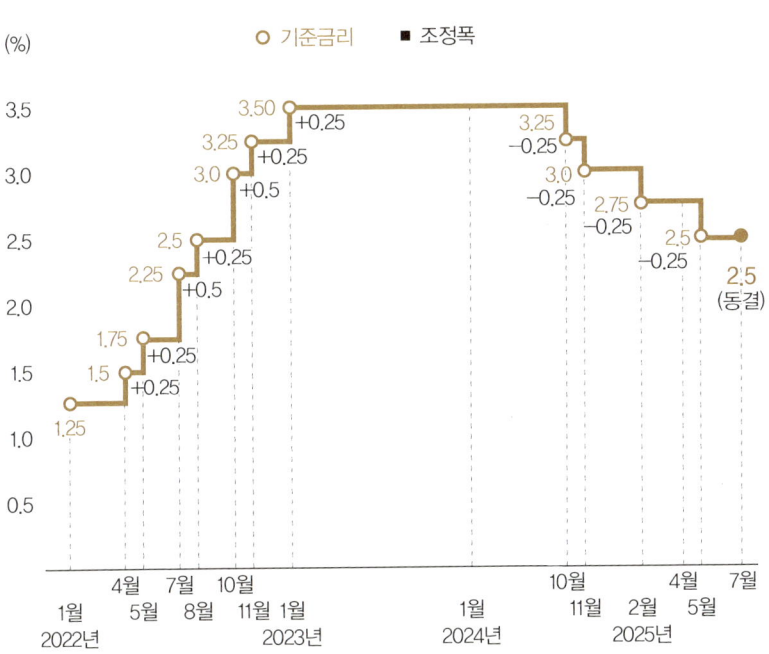

　기준금리는 경제성장률, 원자재 가격, 물가, 경기 침체 여부 등이 종합적으로 반영된 지표라고 볼 수 있다. 금리와 자산 시장은 일반적으로 역(반비례)의 관계다. 분명한 것은 금리가 낮을 때 부동산 가격은 상승했고, 금리가 높을 때 부동산 가격은 하락했다. 다만 금리는 자산 가격에 대해 선행지표 역할을 하기 때문에 금리의 변동이 즉각적으로 자산 가격에 반영되지는 않는다. 일정 부분의 시차를 두고 반응한다.

돌아보면 금리가 낮아지는 흐름이었던 2000년 초반~2006년, 2016~2022년은 부동산 시장이 대체적으로 호황이었다. 반대로 금리가 급격하게 상승한 2008년, 그리고 2022년 말부터 부동산 시장은 조정을 거치게 되었다.

### 4. 경제성장률

부동산 시장의 흐름과 예측에 있어 매우 중요한 지표 중 하나가 경제성장률일 것이다. 경제성장률은 특히 전기 대비 변화를 추적하는 것이 중요하다. 경제성장률의 누계치는 지속적으로 우상향하지만 분기별 성장률은 경기 상황의 좋고 나쁨에 따라 등락을 반복한다. 이러한 흐름에 따라 자산 시장이 큰 영향을 받는다. 일반적으로 경제성장률은 자산 시장과 동행하는 흐름을 갖는다. 지속적으로 경제성장률이 높아지는 경우 자산 가격의 상승으로 이어질 수 있다.

### 5. M2 증감률

부동산 시장의 수요는 시중에 풀린 유동성과 매우 밀접한 관계가 있다. 통화 유동성에 대한 여러 가지 지표와 기준이 있는데, 눈여

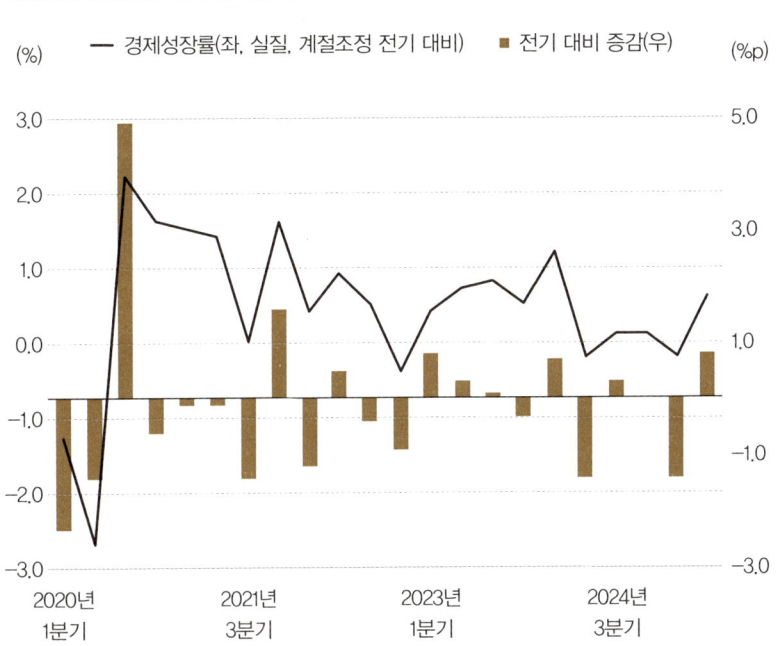

경제성장률

겨봐야 할 것은 M2의 증감률이다.

통화 지표는 기본적으로 본원통화, M1, M2, 그리고 Lf로 구분한다. 어느 수준의 유동성까지를 범주에 포함하느냐에 따라 구분된다. 먼저 M1은 '협의통화'라고도 불린다. 본원통화에 당좌예금, 보통예금과 같은 은행의 각종 요구불예금과 이와 유사한 금융상품을 포함한 통화 지표다. 요구불예금은 일반적으로 즉각 현금화

### 통화 지표의 종류

| 통화 지표 | 유동성 | 화폐의 범주 | | |
|---|---|---|---|---|
| 본원통화 | 매우 높음 | 현금 | | |
| M1 (협의통화) | 높음 | 현금 | 요구불예금 | |
| M2 (광의통화) | 낮음 | M1 | 만기 2년 이내의 예적금 | |
| Lf (금융기관 유동성) | 매우 낮음 | M2 | | 만기 2년 이상의 장기 금융상품 |

할 수 있으므로 실질적으로 현금과 거의 같다. M1에 유동성이 조금 낮은 만기 2년 이내의 예적금까지 포함하면 '광의통화'라고 불리는 M2 통화 지표가 된다. 마지막으로 '금융기관 유동성'이라고 불리는 Lf는 M2에 유동성이 상대적으로 크게 떨어지는 금융상품을 포함한 것이다.

   자산 가격이 상승하는 시기에는 자산 가격이 더 오를 것이라는 확신이 있다면 약간의 손실을 감수하더라도 자산을 쉽게 현금화하려는 경향이 커진다. 이런 이유로 시중의 유동성을 설명할 때는 통화량 지표 중 하나인 M2를 주로 언급한다. M2의 절대량도 중

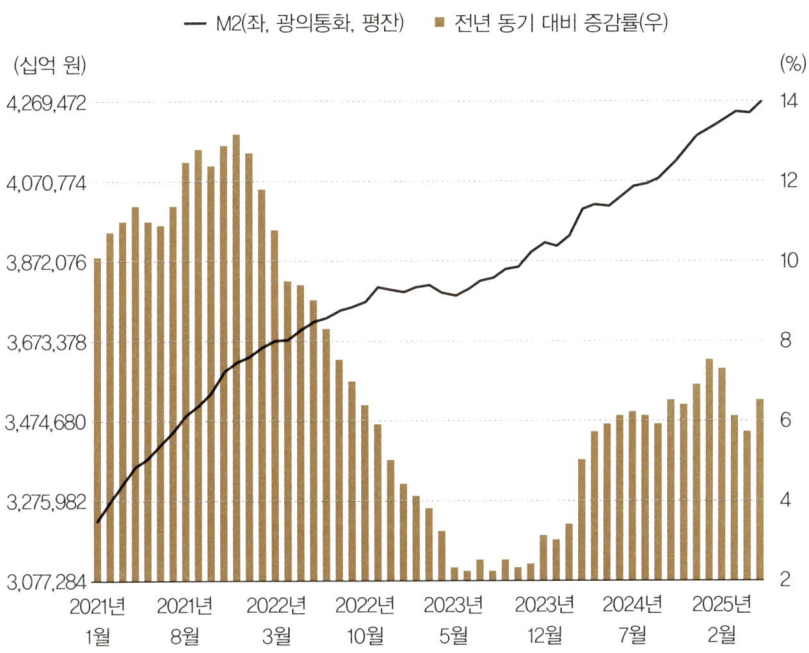

요하지만 지속적인 증가율이 높아지면 시중 유동성이 확실히 증가하고 있다고 볼 수 있다. 이때는 자산 매입의 수요가 늘어나 자산 가격을 상승시킬 것이다.

비록 후행적 기술분석의 일종이지만 M2 증가율이 지속적으로 늘었을 때(2004년 1분기~2008년 2분기, 2016년 1분기~2022년 2분기) 자산 가격 상승이 이뤄졌다.

## 한국부동산원
## 부동산통계정보

국가의 공식적인 부동산 통계자료를 제공하고 있는 곳이 한국부동산원 부동산통계정보다. 대부분의 자료가 월별로 집계되고 있으며, 정부 정책의 기준이 되기도 하고 언론에도 자주 인용되고 있다.

### 1. 아파트 매매가격지수

아파트 매매가격지수는 아파트 매매 거래의 가격 변동률을 집계해 나타낸 지수다. 매매가격지수 역시 절대적인 수치보다 전월 대비 변동률과 추세가 중요하다. 추세가 하락한다면 매매가 잘 이뤄지지 않아서 가격이 오르지 않는다는 의미다. 반대의 경우에는 가격이 오르고 있단 의미다.

### 2. 아파트 매매 거래 현황

가장 많이 인용되는 부동산 통계다. 거래량은 매매가의 선행지표로 알려져 있다. 부동산 거래량은 신고일 기준이고, 실거래가 표출은 잔금일 기준이므로 통상 거래량이 실거래가의 2개월 정도

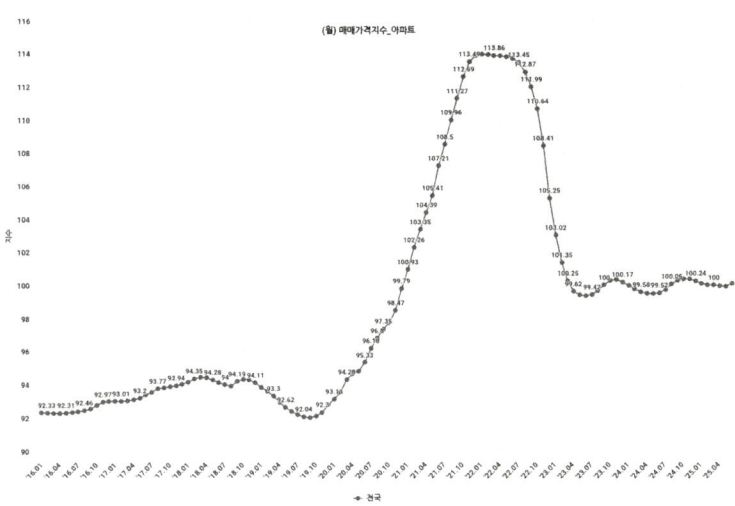

전국 아파트 매매가격지수

앞선 선행지표다. 부동산 거래량은 부동산 가격이 하락하거나 횡보할 때는 늘어나지 않는다. 부동산은 상승할 때만 거래량이 크게 늘어나는 특성이 있다.

언론에서도 부동산 거래의 활성화 또는 가격 등락에 대해 보도할 때 근거로 가장 많이 인용하는 데이터다. 특히 거의 가공되지 않은 실제 건수 위주로 집계되므로 상당히 신뢰성이 높다. 거래량은 부동산 시장의 온도계를 보여주는 핵심 지표다. 시간이 없을 때는 거래량만이라도 챙기는 것이 좋다.

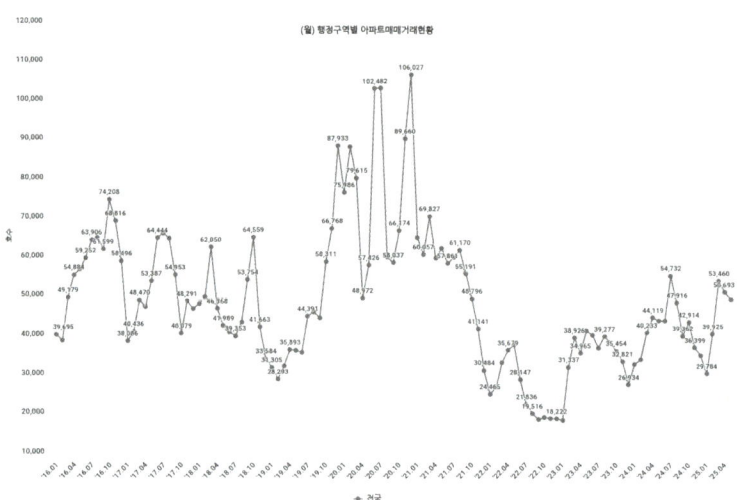

전국 아파트 매매 거래 현황

## 3. 미분양 주택 현황

부동산 경기가 좋을 때는 분양이 원활해 미분양이 줄어들고, 건설 경기가 침체일 때는 미분양 물량이 늘어난다. 부동산 시장 전망에 있어 선행지표는 아니며 일종의 후행지표다. 현재의 부동산 시장이 어떤 국면인지 판단하는 데 유의미한 자료다.

서울 미분양 주택 추이를 보면 부동산 경기가 안 좋았던 2022년 하반기부터 지속적으로 미분양 물량이 쌓였음을 알 수 있다. 부동산 경기가 활황이었던 2016년부터 2022년까지는 미분양 물량이 현격히 낮았다.

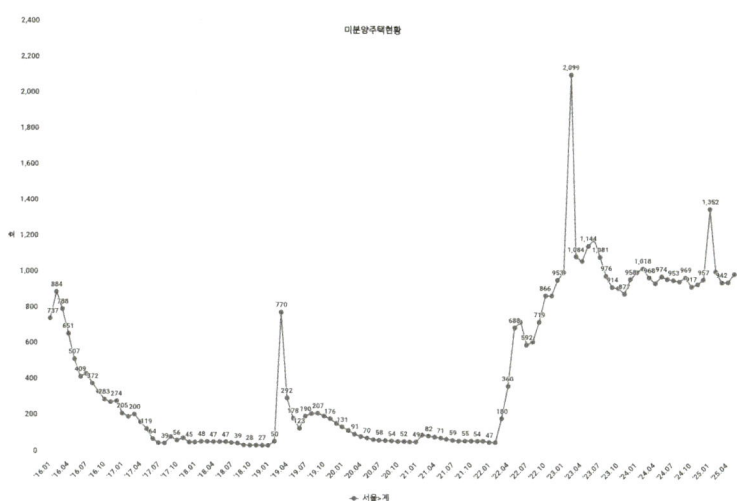

서울 미분양 주택 현황

5장.
무엇이 가격을 결정하는가?

# 가격에 반비례하는 거시 변수

## V값과 변수들

부동산 가격을 결정하는 데는 다양한 요소가 있으며, 이를 바라보는 연구자나 전문가의 견해는 제각기 다를 수 있다. 직관적인 판단(시스템 1)이 아닌, 이성적이고 분석적인 부동산 투자를 위해 반드시 고려해야 할 핵심 요소가 있다. 일반적으로 많이 인용되는 것으로는 경제성장률, 소득 증감, 고용 증감, 금리, 물가(인플레이션), 고용 증감 등이다.

## 가격, 가치를 구하는 공식

$$V = \frac{R}{i}$$

$V$ : 가격, 가치
$R$ : 경제성장률, 소득, 고용
$i$ : 금리, 물가, 원자재 가격

경제학 원론 교과서나 거시경제 책에서 흔히 볼 수 있는 산식이다. V값으로 '부동산'이나 '주식'을 적용해도 된다. 합리적인 의사결정을 이야기하는데 갑자기 시시콜콜한 교과서적인 이야기를 한다고 느껴질 수 있다. 하지만 오히려 이런 평범하고 익숙한 요소들이 부동산 시장에 지대한 영향을 미친다. 지나치게 복잡한 지표는 본질을 놓치기 쉽다. 어쩌면 기본에 충실한 단순한 지표가 부동산 시장과 가격을 결정짓는 거의 전부일지도 모른다.

### 1. 금리, 물가, 원자재 가격과 V의 관계

금리, 물가, 원자재 가격이 오르면 V값은 작아진다. 이 세 가지 요소는 자산 가격과 역의 관계에 있다.

## 2. 경제성장률, 소득, 고용과 V의 관계

경제성장률, 소득, 고용이 늘어나면 V값은 커진다. 이 세 가지 요소는 자산 가격과 비례 관계에 있다.

## 3. 경제성장률, 소득, 고용이 하락하는데 V가 상승할 경우

경제성장률, 소득, 고용이 하락하면 자산 시장의 V값은 감소해야 한다. 그런데 이 경우에도 V값이 증가할 때가 있다.

2020년 코로나19 팬데믹이 발생했다. 당시 경제성장률은 마이너스였다. 사회적 거리 두기가 실시되면서 영업시간 제한 및 모임인원 통제가 이뤄졌다. 목욕탕, 보습학원, PC방 등 사람 간 밀접도가 높은 업종은 매우 큰 타격을 입었다. 소비 주체가 소비를 줄이게 되면서 고용 시장도 열악해졌다. 소득 또한 큰 폭으로 감소했다. 그런데 이상한 일이 발생했다. 당시 부동산 가격은 매우 크게 상승했고, 코스피지수는 3,400p를 찍었다. V값과 비례 관계인 경제성장률, 소득, 고용이 감소했는데 자산 가격은 상승한 것이다. 이 현상에 대한 답은 역의 관계를 가진 금리, 물가, 원자재 가격이 감소 또는 유지되었기 때문이다.

금리는 역사상 최저점으로 하락했고, 소비가 침체됨에 따라 물가는 상당 기간 횡보했고, 원자재의 대표주자인 유가는 소비 침체로 하락했다. 즉 R의 하락분보다 i의 감소분이 훨씬 더 강력하게 작용한 것이다.

**4. 금리, 물가, 원자재 가격이 상승하는데 V가 상승할 경우**
금리, 물가, 원자재 가격이 상승세인데 V값이 상승한다면 R의 요소인 경제성장률, 소득, 고용이 더 크게 작용했을 확률이 높다. 한국도 고도 경제성장기 때는 금리와 물가상승률이 높았음에도 부동산 가격이 상승하는 경우가 많았다.

## 부동산 시장과 역의 관계를 가진 변수

이번에는 부동산 시장과 역의 관계인 금리, 원자재 가격, 물가에 대해 좀 더 자세히 살펴보자. 참고로 각각의 요소가 독립적으로 움직이는 것이 아니라 서로 영향을 주고받는다.

### 1. 금리
금리는 부동산 시장에서 가장 가중치가 높은 변수다. 이 부분에 대해서는 이견이 없을 것이다. 다만 금리의 상승과 하락은 단순히 금리 자체만의 문제가 아니라, 훨씬 더 복잡하고 다양한 사건과 행동에 의해 영향을 받는다.

금리와 부동산 가격은 역의 관계에 있는 밀접한 요소다. 하지만 부동산 가격이 올라서 금리를 높이고, 부동산 가격이 떨어져서 금리를 낮추는 것은 아니다. 금리가 부동산 가격에 커다란 영향을 미치는 것은 사실이지만, 반대로 부동산 가격이 금리에 영향을 미치는 효과는 상대적으로 작을 것이다. 결론적으로 금리를 인하하면 부동산 가격이 상승하고, 금리를 인상하면 부동산 가격은 하락한다. 하지만 부동산 가격이 올라서 금리를 인상하거나, 부동산 가격이 떨어져서 금리를 인하하는 것은 아니다. 금리는 부동산 가격을 포함해 소비자물가, 생산자물가 등과 직접적인 인과관계가 있는 더 큰 거시정책이기 때문이다.

2021년 대부분의 언론은 어디가 얼마나 올랐다, 얼마 만에 급격하게 올랐다, 외곽으로 풍선효과가 심화되고 있다, 어디가 전고점을 갱신했다 등 자극적인 기사를 쏟아냈다. 급격한 집값 상승은 당연히 대단히 바람직하지 않다. 하지만 금리가 인하되고, 원자재 가격이 하락하는 등 모든 거시적 지표가 집값 상승을 견인하는 상황에서는 정부의 부동산 가격 안정화 대책이 통하기 쉽지 않다. 그런데 가끔 부동산 관련 기사를 보면 다음과 같은 시민들의 댓글이 빈도 높게 보인다.

'한국은행은 도대체 뭐하는 거야? 이렇게 집값이 오르고 정부 규제책도 효과가 없는데 왜 금리를 안 올리는 거야?'

한국은행 주도로 유동성을 축소해 주택 구입 수요를 감소시켜야 한다는 주장이다. 집값 상승을 빠르게 진화해야 하는데 왜 한국은행이 주저하는지 비판하는 것이다. 틀린 이야기는 아니다. 집값에 대한 수요가 감소할 만큼 금리를 인상하면 집값은 분명 안정화될 것이다. 확실하게 효과가 보장된 정책일 수 있다.

그런데 집값을 잡기 위해 정책금리의 대표격인 기준금리를 인상하면 어떻게 될까? 2021년은 2020년 1월 발생한 코로나19가 아직 끝나지 않았던 시기다. 고용과 소득이 매우 좋지 못했다. 그 와중에 자산 가격이 폭등하는 것은 바람직하지 않지만, 기준금리는 단순히 부동산 시장에만 영향을 미치는 것이 아니다. 집값을 잡겠다고 기준금리를 올리면 부동산 시장은 안정화될 수 있을지 모르지만 가계대출, 신용대출, 사업대출 등의 금리도 모두 오르게 된다. 가뜩이나 어려운 서민들의 생활에 직접적인 영향을 미친다.

금리를 올리면 집값을 잡을 수는 있으나, 오로지 집값 때문에 금리를 올리는 것은 쉽지 않은 일이다.

기존 대출자의 경우 금리가 낮아지면 매달 부담하는 이자 상환 부담이 줄어들게 된다. 동일한 소득이 유지된다면 이자 비용이 줄어 실질소득과 가처분소득이 늘어난다. 새로운 사업의 확장이나 투자 수요도 늘어나게 된다. 부동산 투자자는 대출을 이용해 자산을 구입할 경우 좀 더 더 적극적인 의사결정을 하게 된다. 금리 인하 시 기존 예금자의 경우 금융상품에서 회수되는 금융소득이 감소하게 된다. 현금성 자산을 보유하는 것이 손해처럼 느껴지게 된다. 현금성 자산이 아닌 주식, 부동산 등의 현물자산에 대한 수요가 늘어난다. 예적금 만기 시 재연장에 소극적이게 되며, 중도해지해 시드머니를 만들고 싶어 한다.

금리 인상 시 기존 대출자의 경우 고정금리 대출자가 아니라면 대출 이자가 늘어나게 된다. 실질적인 소득이 줄어드는 효과가 발생한다. 자산 투자에 소극적으로 임하게 되면서 투자 수요가 감소한다. 부동산이나 주식을 보유한 기존 투자자는 적극적으로 자산을 매각해 대출을 줄이고 현금을 확보하려고 한다. 부동산 시장에서는 매물이 늘어나면서 매수자 우위 시장이 된다. 금리 인상 시 안전자산에 대한 투자 수요가 늘어나게 되고, 금융권의 예적금 상품에 대한 수요가 증가한다.

그럼 금리에 가장 큰 영향을 주는 요소는 무엇일까? 바로 '물가'다. 통화정책의 주체인 한국은행이 금리를 조정하는 가장 큰 원인은 물가라고 할 수 있다. 실제로「한국은행법」제1조(목적) 제1항은 다음과 같다.

> 이 법은 한국은행을 설립하고 효율적인 통화신용정책의 수립과 집행을 통하여 물가안정을 도모함으로써 국민경제의 건전한 발전에 이바지함을 목적으로 한다.

내용을 보면 한국은행은 '효율적인 통화신용정책'을 펼치는 기관이다. 그리고 '물가안정을 도모함으로써' 국민경제의 건전한 발전을 추구한다.

물가가 상승하면 경기 과열이 우려되어 거품이 커질 것이다. 인플레이션으로 소비재의 가격이 과도하게 상승하면 국민들의 실질소득이 감소해 궁극적으로 삶의 질을 떨어뜨린다. 반대로 물가가 안정되었지만 경제성장률과 소득, 고용이 감소해 경기 침체가 심화되면 이 역시 국민들의 삶을 힘들게 한다. 이 경우 한국은행은 적극적인 통화정책을 사용해 유동성을 확대하고 경기를 부양할 것이다.

## 2. 원자재 가격

원자재(철강, 목재, 콘크리트 등)는 건축비의 큰 부분을 차지한다. 원자재 가격이 상승하면 건설비용이 증가해 주택 및 상업용 부동산 공급에 부정적인 영향을 미친다. 이에 반해 원자재 가격이 하락하면 개발비용이 낮아져서 신규 건설이 촉진될 수 있다. 코로나19 팬데믹 이후 목재와 철강 가격이 상승하면서 글로벌 부동산 개발 비용은 급격히 증가했다. 글로벌 공급망에 차질이 생기거나 환율 변화도 건축비용에 영향을 미친다.

건설업은 원자재 가격 변동에 민감하게 반응한다. 특히 장기 건설 프로젝트에서는 원가 상승이 공급 감소로 이어질 수 있다. 원자재 가격이 안정적이면 개발업체들은 미래 건설비용을 보다 정확히 예측해 공급을 늘릴 수 있다. 일례로 한때 중국의 철강 감산 정책으로 수급 불안을 겪으면서 철근 값이 치솟아 여러 대규모 프로젝트가 중단된 바 있다. 건설 원가 상승은 부동산 구매자에게 전가될 수 있다. 따라서 단기적으로는 원자재 가격이 부동산 가격과 정의 관계에 있는 것처럼 보인다.

그러나 궁극적으로는 원자재 가격 상승은 건설 경기를 침체시켜 부동산 가격과 '정'의 관계인 경제성장률, 고용, 소득을 감소시킨다. 즉 부동산 가격과 원자재 가격은 역의 관계를 가진다.

## 3. 물가

인플레이션이 벌어지면 화폐 가치가 하락해 실물자산에 대한 수요가 단기적으로 증가한다. 특히 부동산을 인플레이션 헤지(Inflation hedge) 수단으로 인식한다. 인플레이션으로 인해 원자재나 인건비 등 건설비용이 증가하면서 부동산 가격 상승이 촉진되는 것처럼 보인다. 하지만 지나친 물가 상승은 소비자의 구매력을 떨어뜨려 부동산 수요를 억제하고, 이는 결국 시장 침체로 이어질 수 있다.

무시무시한 점은 물가 상승 및 인플레이션이 과도하면 금리 인상으로 이어져 부동산의 수요를 강력하게 제어할 수 있다. 중앙은행은 인플레이션을 억제하기 위해 금리를 인상하고, 이로 인해 부동산 구매를 위한 대출 비용이 증가된다. 높은 대출 이자는 주택 구매 수요를 감소시키고 부동산 시장의 침체를 유발한다. 반대로 물가 수준이 안정적일 때는 금리가 낮아지면서 부동산 구매와 투자 수요를 증가시켜 부동산 가격이 대체적으로 상승한다.

인플레이션의 영향은 지역별로, 그리고 부동산 유형별로 다르게 나타난다. 수도권은 지방에 비해 부동산 가격에 더 민감하게 반응하고 투기적 수요가 빠르게 증가한다. 지방은 물가 상승에 상대적으로 덜 민감하지만 인플레이션이 오래도록 심화되면 공급 부족이 발생할 수 있다. 특히 주택 시장의 경우 지역별 차별화 또는 똘똘한 한 채에 대한 수요가 늘어나 양극화가 심화된다.

# 가격에 비례하는 거시 변수

부동산 가격과 정의 관계에 있는 거시 변수로는 경제성장률, 소득, 고용이 있다. 세 가지 요소가 모두 상승하는 국면에서는 경제 주체들의 활동이 활발해지고, 자산 시장인 주식과 부동산 가격 역시 우상향하는 경향을 보인다. 세 요소는 따로 독립적으로 움직이기보다는 서로 밀접히 연관되어 있는 변수다. 고용이 늘면 소득이 늘어나고, 소득이 늘어나면 경제성장률이 증가한다. 반대로 고용시장이 어려우면 소득 감소로 이어지고, 소득 감소는 경제성장률 둔화로 이어진다.

## 경제성장률과 부동산 시장

"실적은 최고의 재료다."

증시에서 회자되는 격언이다. 증시에서 기업의 실적이 최고의 재료라면, 부동산 시장에서는 경제성장률이 최고의 호재다. 경제성장률의 증가는 부동산 시장의 전반적인 수요와 공급에 영향을 미친다. 경제성장률이 높으면 가계소득과 기업 투자가 증가하고 부동산 수요가 상승한다. 부동산 가격 상승은 다시 경제성장률을 촉진하는 효과를 발생시킨다. 반대로 경제성장률이 둔화되면 부동산 시장은 위축된다. 주택 구매 감소와 신규 건설 감소로 이어진다.

2000년대 초반, 중국은 경제 고성장기와 맞물려 부동산 시장이 급격히 팽창했다. 그러나 이후 경제성장률이 둔화되면서 중국의 여러 대형 부동산 업체는 디폴트(채무불이행) 위기에 빠졌다. 2021년부터 시작된 중국의 부동산 시장 침체는 최근까지 이어지면서 장기화되는 조짐을 보이고 있다. 실제로 2025년 6월 중국 100대 부동산 업체의 매출 합계는 작년 동월 대비 23% 감소하는 등 침체 국면을 벗어나지 못하고 있다.

　부동산 개발 및 관련 산업은 경제 성장에 미치는 영향력과 범위가 매우 크다. 반도체, 자동차, 화학 등 우리나라의 다른 주력 산업도 중요한 비중을 차지하지만 연관 산업의 고용 규모와 파급 효과 측면에서 보면 부동산 관련 산업이 가장 큰 영향을 미친다. 부동산 산업은 금융, 건설, 고용 등 광범위한 분야에 걸쳐 깊은 영향을 미친다. 건설업은 경제성장률에 직접적으로 기여하며, 특히 신규 주택 공급은 경제 전반에 미치는 영향이 적지 않다. 하지만 부동산 투자 열기가 과잉에 이르면 버블을 키우게 되고, 순식간에 경제에 부정적인 영향을 끼칠 수 있다.

　경제성장률이 둔화되면 실업률 상승과 소득 감소로 인해 부동산 수요가 감소한다. 부동산 시장 침체는 개발 프로젝트의 중단, 기업 자금난, 금융 시장 불안으로 이어진다. 부동산 시장 둔화가 심화되면 전반적인 경제 회복을 저해할 수 있다. 일본의 '잃어버린 20년'의 경우 부동산 가격 폭락이 도화선이 된 측면이 있다.

　모든 지역의 성장률이 동일하지 않기 때문에, 수도권과 지방의 경제성장률 차이는 부동산 시장에서 서로 다른 반응을 유발한다. 수도권과 지방 간 부동산 가격차는 단순히 수도권 집중화 때문만이 아니라, 지역별 경제성장률의 차이가 편차를 만들어냈다고 볼 수 있다. 또 지방 경제는 부동산 시장의 침체기 때 상대적으로 더 큰 타격을 받는다. 일반적으로 고용과 경제의 중심지는 하락 국면에서는 비탄력적으로 버티고, 상승 국면에서는 탄력적으로 반응하는 경향을 보인다. 문제는 이러한 지역 간 성장의 불균형이 국가 전체의 경제 성장에 부정적인 영향을 줄 수 있다는 점이다.

글로벌 경제성장률 또한 각국의 부동산 시장에 영향을 미친다. 글로벌 경기 회복은 외국인 투자 증가로 이어져 주요 도시의 부동산 수요를 자극한다. 반대로 글로벌 경제가 나빠지면 외국인 투자 감소로 이어져 가격 조정을 거치게 된다. 실제로 코로나19 팬데믹 이후 글로벌 경제가 회복되는 과정에서 주요 도시의 부동산 시장은 변동성이 매우 커졌고, 매우 높은 가격 상승이 이뤄졌다.

## 소득과 부동산 시장

소득과 부동산 가격 간의 관계는 거시경제 요소 가운데서도 부동산 가격을 보다 세밀하게 분석할 수 있는 기준이 된다. 국가 전체의 평균 소득을 기준으로 부동산 가격과의 상관관계를 설명할 수 있지만, 지역별 소득 수준 역시 상이하기 때문에 지역 간 부동산 가격 차별화의 주요 기준이 되기도 한다.

개인 소득이 증가하면 주택 구매력이 상승하며 주택 수요를 증가시킨다. 높은 소득 수준은 더 큰 주택, 더 고급화된 아파트, 그리고 투자용 부동산에 대한 수요를 창출한다. 소득 증가율이 빠른 지역에서는 부동산 가격 상승률도 빠르게 높아지는 경향을 보인다. 이는 부동산 시장의 활력을 증진시키는 원인이 된다.

새로운 일자리가 창출되는 지역이라면 부동산 가격 상승은 예견된 것과 같다. 지역 내 고용이 증가되고 소득이 늘어나면 구매력이 늘어나면서 주택에 대한 수요가 증가한다. 바람직하지 않지만 수도권 지역 중심으로 고용과 소득이 늘어났기에 지역별 가격차가 벌어진 것이다. 소득 불균형이 심화되면 고소득층은 부동산 시장에서 더 많은 자산을 확보하는 반면, 저소득층은 주거 구매 여력이 감소하면서 보다 외곽이나 임대 시장으로 몰린다. 불균형이 심화되면 특정 지역이나 고가 부동산 시장에서 과잉 수요와 가격 상승을 초래한다. 그에 반해 소득이 낮은 주거 지역에서는 투자 부진과 공실률 증가를 야기한다. 일차적으로 도시와 농촌 지역의 부동산 가격 차이가 만들어지며, 세부적으로는 중심지와 외곽의 가격 차이가 생긴다.

소득 수준은 주택담보대출(모기지) 승인과 상환능력의 중요한 지표다. LTV나 DSR이 비판받는 이유는 소득이 높은 수요자를 오히려 우대하는 결과를 가져오기 때문이다. 소득이 낮은 계층은 금리가 상승하거나 경기 침체가 올 경우 상환 부담이 커지면서 부실 대출 가능성이 증가한다.

소득 수준에 따라 주택 보조금, 임대료 보조, 공공주택 공급 등 다양한 정책이 필요한 배경이다. 소득이 낮은 계층을 위한 정부의 주거 지원 정책은 주거 안정성과 부동산 시장 안정에 기여할 수 있다. 예를 들어 신혼부부나 청년층을 대상으로 공공임대주택을 공급하거나 금융지원을 확대하는 것은 주거 격차를 해소하는 데 효과적인 정책 수단일 것이다.

## 고용과 부동산 시장

고용 수준이 상승하면 개인의 소득이 증가하고 부동산 구매력이 높아져 주택 및 상업용 부동산 수요가 증가한다. 안정적인 고용 환경은 장기적으로 주택 구매 결정을 촉진하며, 특히 고소득 일자리가 많은 지역에서 부동산 시장의 활성화가 두드러진다. 반대로 인구가 감소하거나 일자리가 감소하는 지역에서는 부동산 수요와 임대 수요가 감소하면서 부동산 시장이 침체되거나 상승의 탄력성이 떨어질 수 있다.

가끔씩 공무원들을 대상으로 강의를 할 때가 있다. 그때는 다음과 같은 질문을 자주 듣는다.

"교수님, 혹시 세종시는 어떻게 생각하세요?"

"아, 네. 혹시 그 지역에 분양받은 집이 있으신 모양이죠?"

"네, 맞아요."

"사실 세종시의 부동산 가격 패턴을 보면 얇은 냄비와 같은 느낌이 있어요."

"얇은 냄비요?"

"네 맞아요. 그 지역은 인근 지역과 비교하면 오를 때는 가장 먼저 반등하고, 떨어질 때는 가장 먼저 조정을 받는 느낌이에요."

"아! 동의합니다."

"그런데 혹시 지금 세종시의 인구가 어느 정도인지 아세요?"

"글쎄요. 한 30만 명 되려나요?"

"맞습니다. 약 33만~34만 명 정도 됩니다. 세종시에 여러 정부 부처나 유관기관이 아직 이전을 완료한 게 아니죠. 순차적으로 최초 도시 입주 후

10년, 20년 뒤에 이전하는 것으로 계획되어 있어요. 세종시의 인구계획은 최종적으로 50만 명 정도로 예측됩니다. 고용이 늘어나고, 지역 내 GDP가 늘어나는 대한민국에서 몇 안 되는 도시일 수 있어요."

"네, 그렇군요."

"이 부분은 제5차국토종합계획에 명시되어 있어요. 웬만하면 그대로 하겠다는 이야기죠. 물론 시장 상황에 따라 해당 지역의 부동산 가격은 오르고 내리고를 반복하겠지만요."

"그럼, 교수님 말씀은 그렇게 나쁘지 않으니 너무 걱정하지 말라는 뜻으로 이해하면 될까요?"

"하하! 전 이미 답을 드렸다고 생각하는데요."

## 1. 고용 안정성과 주택 대출(모기지)

고용 안정성은 주택 대출 승인 여부에 중요한 영향을 미친다. 안정적인 소득은 금융기관이 대출을 승인하는 주요 조건이다. 고용이 불안정한 경우 대출 가능성이 낮아지며, 이는 부동산 수요 저하로 이어진다. 부동산 수요 감소는 부동산 가격 하락으로 이어진다. 전반적인 수요 감소는 시장 전체에 하방 압력을 주게 된다. 가격 하락의 크기는 지역별로 다른데, 고용 시장이 안정된 지역인지 또는 불안정한 지역인지에 따라 폭이 결정될 것이다.

## 2. 산업구조 변화와 지역 부동산 시장

특정 산업이 지역 경제를 주도할 경우 해당 산업의 고용 변화는 지역 부동산 시장에 직접적인 영향을 미친다. 미국 역시 과거 실리콘밸리와 같은 기술 중심 지역에서 IT 일자리가 증가하면서 주택 가격 상승을 촉진한 바 있다. 산업구조 변화에 따른 인구 이동 역시 부동산 시장에 미치는 영향력이 크다. 산업이 발전하거나 늘어나는 지역은 고용 증가로 인해 수요가 증가하고, 특별한 사정으로 일자리가 감소되거나 소멸될 경우 지역 내 부동산 시장에 매우 부정적인 결과를 초래한다.

## 3. 고용 중심 지역과 부동산 시장 불균형

고용의 기회가 많은 대도시는 주택 수요 증가로 인해 부동산 가격이 상승하고 주거지 부족 현상이 나타난다. 하지만 고용의 기회가 적은 다른 지역은 수요 감소와 주택 공급 과잉으로 부동산 시장이 침체를 겪을 수 있다. 이러한 불균형은 국가적 차원의 주택 정책과 지역 간 균형 발전을 요하지만 생각보다 쉽지 않은 과제이기도 하다.

# 가격에 영향을 미치는 검룡소를 찾아서

검룡소(儉龍沼)라는 곳이 있다. 강원도 태백시 창죽동에 있는 분출수다. 해발 1,418m 금대봉 자락에 위치한 연못(沼)으로 1987년 국토지리정보원이 공식 인정한 한강의 발원지다. 2010년 8월 18일 대한민국 명승 제73호로 지정되었다. 이 검룡소에서 발원한 물이 계곡을 만들고, 작은 하천을 만든다. 작은 하천은 다시 지방천이 되었고, 그 지방천이 모여 국가 하천인 남한강과 북한강을 만들었다. 남한강과 북한강은 경기 양평군 양서면 양수리 '두물머리'에서 만나 한강이 되고 유유히 서울을 관통하며 흘러가 서해 바다로 빠져나간다.

부동산 시장의 궁극적인 결론(상승 혹은 하락)이 서해바다라면, 부동산 시장의 추세의 시작을 알리는 검룡소도 있지 않을까? 이 검룡소를 찾기 위해서는 처음부터 시작점을 찾기보다 결론에서 거슬러 올라가는 것도 하나의 방법일 수 있다.

## 검룡소로 가는 다섯 가지 과정

### 1. 금리(한강)

부동산 가격의 상승과 하락에 가장 큰 영향력을 미치는 것은 금리다. 금리는 부동산 시장과 역의 관계를 가진다. 금리를 조절하는 기관은 한국은행 등 통화 관련 기관으로, 금리를 올리고 내림에 따라 부동산 시장은 큰 영향을 받는다.

일반적으로 금리가 높아지면 부동산 가격 상승은 제약을 받는다. 하지만 과거에는 금리가 높은 시기에도 부동산 가격이 오르는 모습을 보이기도 했다. 이는 당시 높은 경제성장률과 함께 소득 및 고용이 빠르게 증가하면서, 고금리의 부정적인 영향을 상쇄했기 때문이다. 그러나 요즘은 전혀 다른 상황이 펼쳐지고 있다.

부동산 시장과 정의 관계에 있는 경제성장률, 소득, 고용의 증가폭이 과거처럼 크지 않다. 따라서 금리와 자산 시장의 인과관계가 보다 확실해졌다.

원칙적으로 금리 인하는 물가가 안정화되었을 때, 금리 인상은 물가가 높을 때 실시한다. 하지만 이제는 우리나라 경제 상황만을 고려해 금리를 내리고 올리기가 쉽지 않다. 한국 경제도 이미 글로벌 경제에 깊이 연결되어 있기 때문이다. 여러 가지 다른 의견이 있을 수 있으나 역시 미국의 금리 수준을 고려해야 한다. 미국이 금리를 인상하면 달러 자금이 유출되므로 금리 인상을 고려해야 하고, 반대로 미국이 금리를 인하하면 경제 활성화 및 유동성 확대를 위해 금리 인하 여력이 생길 수 있다.

### 2. 미국 물가(남한강, 북한강)

미국이 금리를 내리거나 올릴 때 참고하는 것이 미국의 물가 수준이다. 미 연준 이사회는 금리 인하나 인상을 검토할 때 미국 소비자물가지수(CPI)의 동태를 살핀다. 소비자물가지수로 경기 과열이나 안정을 판단하는 경향이 있다. 즉 미국 소비자물가지수 상승률의 등락이 남한강, 북한강과 같은 느낌이다.

### 3. 미국 고용지수(지방 하천 및 개천)

미국 소비자물가지수를 논할 때 함께 비교되고 인용되는 것이 미국 고용지수다. 논리적으로 물가가 오를 것인지 안정화될 것인지는 소비자의 총소득과 관련 있다. 따라서 고용상태인 자국민이 늘어나면 소비자가 늘어나는 것이고, 소비자가 늘어나면 물가가 오를 것이라고 본다.

### 4. 미국 신규 실업수당청구건수(검룡소)

미국 고용지수가 상승하면 고용상태에 있는 국민이 늘었다는 뜻이므로 실업수당청구건수가 줄어든다. 반대로 고용지수가 감소하면 실업수당청구건수가 늘어난다. 여기서부터 발원된 사건이 결국 미국의 금리 인하와 인상을 결정하게 되며, 더 나아가 한국의 금리 변동에도 영향을 미친다. 금리 변동은 궁극적으로 한국 부동산 시장의 상승 또는 하락으로 이어진다.

결론을 내리자면 한국의 부동산 시장에 활기가 돌기 위해서는 미국 신규 실업수당청구건수가 늘어나고 미국 고용지수가 하락해 미국 소비자물가지수가 안정화되어야 한다. 이후 경기 침체 우려로 연준의 기준금리 인하 압력이 커지게 된다. 뒤이어 미국이 기준금리를 인하하면 한국도 기준금리를 인하하게 되고, 유동성이 확대되면서 부동산 가격을 끌어올리게 된다.

미국 신규 실업수장청구건수로부터 출발한 여정이 결국 한국 부동산 가격에까지 영향을 미치는 것이다. 그야말로 나비효과다.

## 변수가 늦게 반영되는 이유

**1. 뉴턴의 제1법칙**

부동산 관련 정책과 거시 변수가 변화하면 즉시 효과가 나타나야 하는데 대부분은 그렇지 않다. 특히 부동산의 가격과 역의 관계에 있는 공급과 금리는 이러한 경향이 두드러진다. 그에 반해 부동산 가격과 정의 관계에 있는 경제성장률, 소득 증가, 고용 확대는 빠르게 부동산 시장에 반영된다. 왜 그런 걸까? 언제나 대책과 대안은 적시성이 가장 중요한 부분인데 의지를 담아 펼친 정책의 효과가 더딘 이유는 무엇일까?

공급정책과 금리정책은 결과를 가져오기까지 시간이 필요한 정책이다. 아이작 뉴턴의 제1법칙 '관성의 법칙'이 부동산 시장에도 존재한다. 움직이는 물체는 움직이는 방향으로 계속 움직이는 특성이 있고, 정지해 있는 물체는 계속 머무르려고 하는 특성이 있다. 부동산 시장도 유사한 점이 있다.

경기 침체가 지속되면 여러 가지 방법으로 활성화하려 해도 머무르려고 하는 관성이 있어 그 효과가 금방 나타나지 않는다. 지속적이고 강한 힘으로 움직이게 만들어야 반응을 보인다. 금리 인하 및 유동성 확대를 통해 경기 활성화를 도모하려 해도 즉각적인 반응이 생기기 않는다. 지속적인 금리 인하 기조를 유지하고 실제 유동성이 늘어나야 가능하다. 반대로 경기가 과열되고 부동산 가격이 폭등할 때도 마찬가지다. 각종 규제와 금리 인상을 단행해도 한 번 가속도가 붙은 부동산 가격은 쉽게 잠잠해지지 않는다. 금리 인하나 각종 부동산 규제가 지속성이 있고, 실제 시중 유동성이 회수되어야 의도하는 결과를 얻을 수 있다. 양방향의 정책이나 제도는 실제 현실화되기까지 '시차'가 존재한다.

이러한 모습을 벽돌에 비유할 수 있다. 정지한 벽돌을 움직이려면 벽돌의 무게, 지면과의 마찰, 지구의 중력 등을 극복해야 한다. 더구나 벽돌을 움직이는 도구가 고무줄이라면, 벽돌의 관성과 고무줄의 탄성을 극복하기 위해 꾸준하고 강한 힘이 필요하다. 시간이 걸린다. 반대로 빠르게 움직이는 벽돌을 멈추는 것도 마찬가지다. 지속적이고 강한 힘, 그리고 시간이 필요하다.

## 2. 공급정책과 부동산 가격

'공급정책'이라는 단어가 자주 거론된다면 부동산 가격이 상승하고 있는 시기라는 뜻이다. 집값이 상승하고 공급 부족이 심화될 때 나오는 정책이다. 부동산 가격이 하락하거나 정체될 때는 공급 부족이라는 단어가 쏙 들어간다. 정부는 서민의 내 집 마련과 주택 가격 안정화를 위해 신도시 건설 등을 발표하지만 바로 효과가 나타나지 않는다.

오늘 공급을 하겠다고 발표한다고 해서 그다음 날 공급되는 것이 아니다. 특히 신도시를 통한 공급의 경우 지구 지정, 토지 보상, 토목공사 및 기반시설 조성, 시공사 선정, 착공, 준공까지 지난한 과정이 필요하다. 아무리 빠르게 추진해도 실제 입주까지는 적어도 5년 이상 걸린다. 이는 신도시 모든 지역의 입주를 이야기하는 것이 아니다. 첫 입주 단지를 이야기하는 것이다. 블록별로 순차적으로 입주가 완료되려면 추가로 5~6년은 더 걸릴 것이다. 그러한 시간이 지나야 공급정책을 발표할 때 목표로 한 공급물량이 해소된다.

노태우 정부 시절 유래 없는 경제 호황이 있었다. 더불어 1986년 아시안게임과 1988년 올림픽을 거지면서 막대한 인프라 투자로 부동산 가격이 폭등하기 시작했다. 정부는 200만 호 주택 공급을 발표했다. 이때가 1989년이다. 하지만 1989년, 1990년, 1991년, 1992년 부동산은 여전히 높은 상승을 이어갔다. 비로소 집값이 잡힌 것은 1992년 가을이었다. 이전과 달라진 것 단 하나, 1기 신도시가 입주를 시작했다.

## 3. 금리 인하와 부동산 가격의 시차

금리가 인하되면 자산 시장의 가격은 대체적으로 상승한다. 그러나 부동산 가격에 즉시 반영되진 않는다. 찬찬히 생각해보면 당연한 일이다. 금리가 인하되려면 물가가 안정되어야 한다. 즉 부동산 가격과 정의 관계에 있는 경제성장률, 소득, 고용이 침체되었음을 의미한다. 경기 침체를 극복하기 위해 유동성을 확대하는 것이다. 아무리 유동성을 확보하는 정책이 펼쳐진다고 해도 이미 하락한 경기를 반전시키는 것은 단기간에 이뤄지지 않는다. 부동산

## 전국 아파트 매매 거래 현황

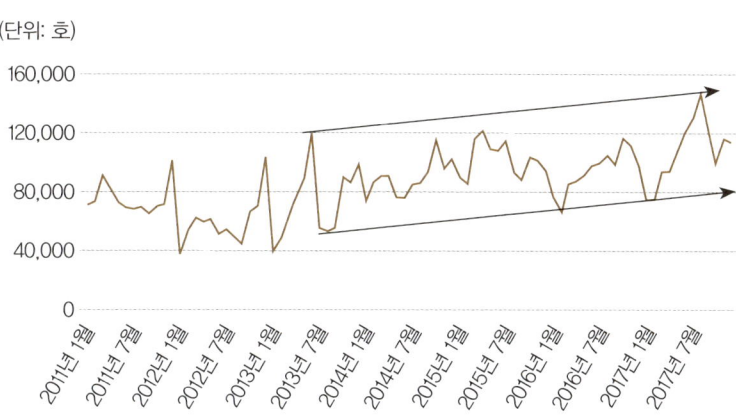

(단위: 호)

## 한국은행 기준금리 (2011년 1분기~2017년 4분기)

| 분기 | 2011년 1분기 | 2011년 2분기 | 2011년 3분기 | 2011년 4분기 | 2012년 1분기 | 2012년 2분기 | 2012년 3분기 | 2012년 4분기 |
|---|---|---|---|---|---|---|---|---|
| 기준금리(%) | 3 | 3.25 | 3.25 | 3.25 | 3.25 | 3.25 | 3 | 2.75 |
| 분기 | 2013년 1분기 | 2013년 2분기 | 2013년 3분기 | 2013년 4분기 | 2014년 1분기 | 2014년 2분기 | 2014년 3분기 | 2014년 4분기 |
| 기준금리(%) | 2.75 | 2.5 | 2.5 | 2.5 | 2.5 | 2.5 | 2.25 | 2 |
| 분기 | 2015년 1분기 | 2015년 2분기 | 2015년 3분기 | 2015년 4분기 | 2016년 1분기 | 2016년 2분기 | 2016년 3분기 | 2016년 4분기 |
| 기준금리(%) | 1.75 | 1.5 | 1.5 | 1.5 | 1.5 | 1.25 | 1.25 | 1.25 |
| 분기 | 2017년 1분기 | 2017년 2분기 | 2017년 3분기 | 2017년 4분기 | | | | |
| 기준금리(%) | 1.25 | 1.25 | 1.25 | 1.5 | | | | |

의 가격도 마찬가지다. 통화의 유통속도도 빠르지 않다. 여기서 시차가 발생한다.

    2011년 1분기 3%를 시작으로 2012년 2분기까지 한국은행 기준금리는 3.25%를 유지했다. 그런데 2012년 3분기 0.25%p 인하를 시작으로 완연한 금리 인하가 지속되었다. 이때 부동산의 가격을 대변하는 거래량을 보면 거래량의 저점이 높아지고 거래량 상승의 추세선이 우상향하는 시점은 2013년 7월부터였다. 금리 인하 시작점으로부터 약 1년 정도 시차가 있는 것이다. 2013년 7월부터 본격적으로 부동산 가격이 오른 것도 아니다. 거래량은 부동산 가격 상승의 선행지표로 실제로 이전보다 더 높은 실거래가를 기록하는 것은 여기에서 다시 2~3개월이 소요된다. 시장은 정책 입안자의 급한 바람과는 다르게 움직인다.

### 4. 금리 인상과 부동산 가격의 시차

금리가 인상되면 유동성 확대가 제어되면서 투자 수요가 줄어들게 된다. 그러나 과열된 부동산 시장에서는 여러 분야의 가격 안정화 정책의 약발이 금방 들지 않는다. 가격 상승에 대한 종교와 같은 신념이 생기는 행동경제학적 오류가 시장에 만연해지면서 제동을 걸기가 쉽지 않다. 그러나 궁극적으로 금리 인상과 같은

## 전국 아파트 매매가격지수

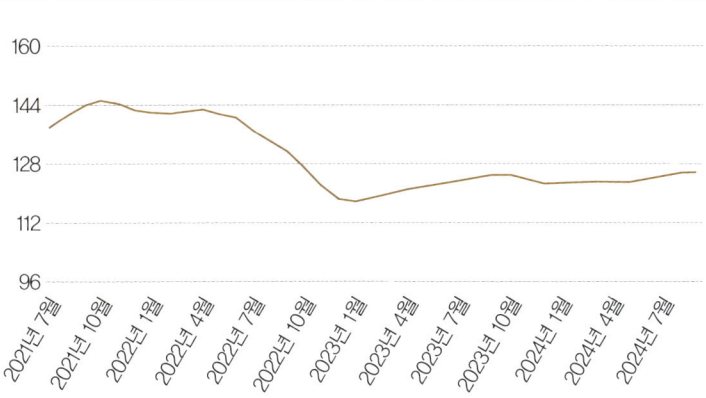

## 한국은행 기준금리(2017년 2분기~2024년 3분기)

| 분기 | 2017년 2분기 | 2017년 3분기 | 2017년 4분기 | 2018년 1분기 | 2018년 2분기 | 2018년 3분기 | 2018년 4분기 | 2019년 1분기 |
|---|---|---|---|---|---|---|---|---|
| 기준금리(%) | 1.25 | 1.25 | 1.5 | 1.5 | 1.5 | 1.5 | 1.75 | 1.75 |
| 분기 | 2019년 2분기 | 2019년 3분기 | 2019년 4분기 | 2020년 1분기 | 2020년 2분기 | 2020년 3분기 | 2020년 4분기 | 2021년 1분기 |
| 기준금리(%) | 1.75 | 1.5 | 1.25 | 0.75 | 0.5 | 0.5 | 0.5 | 0.5 |
| 분기 | 2021년 2분기 | 2021년 3분기 | 2021년 4분기 | 2022년 1분기 | 2022년 2분기 | 2022년 3분기 | 2022년 4분기 | 2023년 1분기 |
| 기준금리(%) | 0.5 | 0.75 | 1 | 1.25 | 1.75 | 2.5 | 3.25 | 3.5 |
| 분기 | 2023년 2분기 | 2023년 3분기 | 2023년 4분기 | 2024년 1분기 | 2024년 2분기 | 2024년 3분기 | | |
| 기준금리(%) | 3.5 | 3.5 | 3.5 | 3.5 | 3.5 | 3.5 | | |

유동성 축소가 지속되면 결국 부동산 가격은 안정화되거나 조정을 받는다.

2020년 2분기 때 기준금리는 역사적으로 최저 수준인 0.5%가 되었다. 최저 기준금리는 2021년 2분기까지 유지되다가 2021년 4분기부터 1%대를 회복한다. 그리고 2023년 1분기까지 계속 금리가 오른다. 최종적으로 3.5%까지 기준금리는 인상된다. 금리가 인상되면 유동성이 제한되고 투자 수요는 급감하는 것이 원칙이지만, 금리 인상의 시작점을 기준으로 아파트 매매가격지수의 흐름을 보면 이러한 추세와 일치하지 않는다. 금리 인상의 시작점부터 급격한 가격 조정이 일어난 것이 아니라 약 1년 정도 시차를 두고 매매가격지수가 하락했다. 실거래가는 2022년 가을 정도부터 하락했다. 역시 시차가 존재한다.

금리 인상이 주택 가격을 실제로 감소시킨다는 다양한 실증 연구 결과가 있다. 여러 가지 상황과 조건이 다르지만 금리와 부동산 시장이 역의 관계에 있는 것은 틀림이 없다. 다만 금리가 시장에 영향을 미치기까지 시차가 존재할 따름이다. 그러한 역의 관계가 실제로 나타나기까지 짧게는 12개월, 길게는 18~24개월의 시차가 존재한다.

## 금리와 부동산 가격 간의 관계 실증분석

| 연구자 | 원결과 | 금리 100bp 인상 시 효과 |
|---|---|---|
| 주택산업연구원(2010년) | 콜금리 10bp 인상→<br>1차연도 주택 가격 −0.9%p | 9.0%p 하락 |
| 김중규·정동준(2011년) | 주담대 금리 100bp 인상→<br>아파트 가격 −0.8%p | 0.8%p 하락 |
| 이근영·김남현(2016년) | CD금리 100bp 인상→<br>1차연도 주택 가격 −0.86%p | 0.86%p 하락 |
| 최정일·이옥돈(2017년) | 금리 100bp 인상→<br>주택 가격 0.005%p 상승 | 0.005%p 상승 |
| 손종칠(2010년) | 콜금리 1표준편차 인상→<br>3분기 주택 가격 −0.5%p | – |
| 김남현·장한익(2018년) | 금리와 주택 가격(−)의 관계 | – |

*우리나라 대상

| 연구자 | 대상 국가 | 금리 100bp 인상 시 효과 |
|---|---|---|
| Williams(2015년) | 17개 선진국 | 6.3% 하락 |
| Sa, Towbin and Wieladek(2011년) | OECD 18개국 | 7.8% 하락 |
| Assenmacher–Wesche and Gerlach(2008년) | 17개 선진국 | 10.8% 하락 |
| Goodhart and Hofmann(2008년) | 17개 선진국 | 7.2% 하락 |
| Iacoviello and Minetti(2008년) | 4개 선진국 | 8.8% 하락 |
| Calza, Monacelli and Stracca(2013년) | 19개 선진국 | 2.3% 하락 |

*주요 선진국 대상

자료: 한국은행 〈BOK 이슈노트 제2022−29호〉, '주택시장 리스크평가(이대용 외 5인, 재인용)'

### 5. 어쩌면 기승전 금리

금리 변수가 부동산 가격의 상승과 하락을 100% 결정하는 것은 아니다. 인구 요인, 부동산 정책, 경제성장률, 공급물량 등도 가격에 영향을 미친다. 금리 외 변수들의 영향력이 결코 작다고 말할 수는 없다. 또한 금리 변동은 물가, 원자재 가격, 경제성장률, 고용, 소득의 상호작용에 의한 최종 결과물이다. 금리가 오르고 내

**주택 가격 변동에 대한 결정요인의 기여도 분석**(샤플리 분해)

| 변수 | 한국부동산원<br>아파트 매매가격지수 | 한국부동산원<br>실거래가격지수 | KB<br>아파트 매매가격지수 |
|---|---|---|---|
| 금리<br>(기준금리) | 60.7 | 45.7 | 56.1 |
| 대출 규제<br>(대출태도지수) | 17.9 | 13.4 | 19.3 |
| 주택 공급<br>(준공물량) | 8.5 | 18.4 | 11.9 |
| 인구 구조<br>(세대수) | 8.5 | 11.0 | 10.3 |
| 경기<br>(경기종합지수) | 4.4 | 11.5 | 2.5 |

*수치 단위는 %이며 각 열의 합계는 100%, 기간은 2011년 1월~2021년 12월

자료: 국토연구원 〈국토정책 Brief(2023년 1월 30일)〉, '주택시장과 통화(금융)정책의 영향 관계 분석과 시사점'

리기 전에 이들 변수가 선행적으로 반응해 금리가 상승 또는 하락하게 된다.

그러나 여러 연구 결과에 의하면 그래도 금리가 부동산 가격에 미치는 영향력은 절대적은 아니어도 가장 큰 요소임에는 틀림없다. 여러 거시적 변수의 상호작용에 대해 관계성을 관찰하는 것이 복잡하고 귀찮다면 그냥 간단하게 금리만으로 부동산 시장 예측을 하는 것도 괜찮은 방법이다. 다른 변수의 변동률이 많지 않을 때 약간의 시차를 두고 금리가 오르면 부동산 가격은 하락하고, 금리가 내리면 부동산 가격은 상승한다. 그야말로 '기승전 금리'가 부동산 가격을 결정한다.

> 금융기업을 대상으로 부동산 시장의 현황과 전망을 강의하고 있던 중이었다. 그날도 부동산 시장과 여러 경제 변수의 관계성, 그리고 궁극적인 금리 변화가 미치는 자산 시장의 방향성에 대해 설명하고 있었다. 강의를 듣던 어떤 분이 손을 들고 질문을 한다.
>
> "교수님! 금리가 중요하다는 것은 알겠는데 인구 변화, 정부 정책, 경기 등 다른 요소도 부동산 시장에 영향을 미치지 않나요?"

"네, 맞습니다. 제 의견 또한 다르지 않습니다. 당연히 부동산 가격에 영향을 미치는 요인은 정말 다양합니다. 결론적으로 금리가 가장 영향이 크다는 의미로 받아들이면 좋겠습니다."

"아, 그럼 금리 자체가 절대적이지는 않지만 부동산 가격의 변동에 가장 크게 영향을 주는 요소라는 말씀이군요."

"네, 맞습니다."

"흠음. 그럼 이것저것 따져보기 어려울 때는 100%는 아니지만 금리 변화만으로도 부동산 시장의 오르내림을 어느 정도 알 수 있겠네요. 그렇게 판단해도 큰 문제는 없다는 뜻인가요?"

"네, 선생님. 이제 하산해도 되겠어요, 하하!"

# 무임승차 효과에 대하여

## 부동산 시장에서의 무임승차 효과

무임승차(Free Ride) 효과란 개인 또는 특정 주체가 비용 부담 없이 혹은 최소한의 비용으로 시장 변화나 정책적 혜택의 이익을 누리는 현상을 말한다. 부동산 시장에서는 인프라 개발, 정부 정책, 지역 개발 등의 혜택을 특정 투자자나 지역 주민이 큰 투자 없이 누리는 것을 말한다. 주식 시장으로 보면 강력한 호재가 발생한 '재료주'라고 볼 수 있다. 주식 시장의 분위기가 좋지 않을 때도 특정 주식은 매출 상승, 대규모 매출 계약, 시장 환경의 변화 등에 따라 반사이익을 누릴 수 있다.

부동산 시장도 특정 지역에서 그러한 현상이 발생할 수 있다. 거주민이 선호하는 기반시설의 확충, 교통망 신설, 대규모 일자리 창출 등은 특정 지역의 부동산 가격 상승을 유도할 수 있다. 이러한 지역은 하락기에는 가격이 쉽게 떨어지지 않는 반면, 상승기에는 더 민감하게 가격이 반응하는 경향이 있다.

여러 종류의 인프라 개발이 지역 주민과 투자자에게 경제적 혜택을 제공하면서 지역 경제가 활성화되고, 주민들의 생활수준이 향상될 수 있다. 물론 비용 부담 측면에서 불균형 문제가 발생할 수 있다. 개발에 직접적으로 투자한 주체와 비용 부담 없이 이익을 얻은 사람이 공존하면서 형평성 문제가 발생한다. 동일한 조세 의무를 부담하는데 왜 그 지역민만 개발 수혜를 누리느냐며 불만이 표출될 수 있다. 또 부동산 투기가 발생할 수 있고, 부동산 시장의 가격 왜곡이 심화될 수 있다. 세수를 투입해 이뤄지는 공공 개발로 인한 혜택이 특정 지역에만 집중될 경우 지역 간 격차가 커질 수 있다.

다만 현실적으로 무임승차 효과가 발생되는 지역과 그렇지 않은 지역 간의 가격 차이가 발생하는 것은 피할 수 없는 일이다. 이러한 현실을 받아들이고 무임승차 효과가 있는 지역을 투자 후보군으로 두고 관찰하는 것이 합리적일 수 있다.

## 공원과 부동산 시장

전 세계에서 가장 비싼 아파트는 어디에 있을까? 흔히 뉴욕 맨해튼 지역의 아파트가 가장 비싸다고 하면 수긍하는 이가 많을 것이다. 부유층 지역(15 Central Park West)은 평방미터당 약 6만 4,900달러로, 우리나라 33평형($84m^2$)으로 치환해서 계산하면 545만 1,600달러에 달한다. 우리 돈으로 75억 원에 달한다. 이 지역 아파트가 이토록 비싼 이유는 세계 경제의 핵심 지역이라는 상징적인 의미도 있고, 지역민의 소득수준이 어마어마하기 때문이다. 같은 맨해튼 지역이라고 모두 이 가격은 아닐 것이다. 맨해튼 섬에서 전철로 몇 정거장밖에 안 떨어진 브루클린 등은 비교적 저렴한 편이다.

뉴욕에서 부동산 가격이 가장 비싼 지역의 두드러진 특징은 센트럴파크와 가깝다는 것이다. 뉴욕시의 센트럴파크는 1857년에서 1873년 사이에 건설되었으며 당시 예산은 1,400만 달러 정도였다. 인플레이션을 감안해 현재 가치로 환산하면 약 2억 달러에 해당한다. 그린스워드 계획(Greensward Plan)으로 알려진 이 공원은 자연주의적인 풍경을 강조해 뉴욕 주민들에게 '도시의 오아시스'를 제공한다는 취지로 조성되었다. 막대한 예산 집행에도 불구하고 인근 지역민이 직접적으로 지불한 비용은 없었을 것이다. 지불한 비용은 없는데 그 수혜를 누리는 것이 무임승차 효과라면, 센트럴파크 인근 주민은 무임승차 효과에 편승한 것이 분명이다. 물론 평소에 보편적 세금은 납부했을 것이다.

뉴욕 맨해튼 센트럴파크와 같은 인공정원을 우리나라에서는 찾아볼 수 없을까? 뚝섬 서울숲이 유사한 사례다. 서울숲은 서울시 성동구 뚝섬에 조성된 대규모 도시공원으로 2003년에 공사가 시작되어 2005년 6월 18일에 개장했다. 서울숲은 과거 골프장, 경마장, 하수처리장 등으로 사용되던 땅을 생태와 문화를 결합한 도시공원으로 탈바꿈시킨 사례다. 과거 경마장 등으로 사용되었을 때만 해도 성동구에서 가장 낙후된 지역이었다. 주거 친화와 거리가 먼 경마장 측과 지역 주민 간의 민원 공방이 많았던 지역이다. 주택 가격도 같은 구 내에서도 상당히 낮은 편이었다. 그러나 공원이 조성되면서 가장 살기 좋은 지역으로 변신했다.

아직 조성되지 않은 용산공원도 유사한 효과가 예상된다. 용산공원은 오랜 시간 미군기지로 사용되었던 지역으로, 도심 한복판에 엄청난 규모의 군사시설이 존재한 것은 대단히 이례적인 일이었다. 대부분의 미군부대가 평택 인근으로 이전하면서 기존 부지를 반환했고, 용산공원 예정지는 이제 독특한 이력을 지닌 부지가 되었다. 본래 기존 도심은 오랜 시간에 걸쳐 개발되어 더 이상 새로운 계획이나 확장이 어려운데 돌연 도심 한가운데에 대규모 공원이 들어서게 된 것이다.

용산공원의 예상 면적은 약 300만$m^2$로 뚝섬 서울숲의 3배 가까이 되는 면적이다. 기존 미군부대 부지와 전쟁기념관, 국립중앙박물관, 용산가족공원 등이 포함되는 면적이다. 구역 내 오염 정화 작업과 반환 일정 등에 따라 완공 시기는 아직 미정이다. 예상 비용은 약 2.1조 원으로 부지 내 오염 정화 및 기반시설 확충 계획이 추가되면서 예산이 올라갔다. 완공 시 강력한 무임승차 효과가 예상된다.

그러면 신이 만든 정원, 자연공원이나 녹지에도 무임승차 효과가 발생할까? 당연히 환경 친화적인 맑은 공기를 마시며 거주하는 것은 매우 큰 장점이다. 이러한 지역을 선호하는 이도 많을 것이다. 그러나 금전적 가치를 따져보면 생각보다 긍정적이지 않다.

신이 만든 정원은 과거부터 공공재 역할을 했으며 일부분을 제외하고는 투입된 비용이 많지 않다. 무엇보다 가장 큰 제약 조건은 산, 강 등은 다른 지역에 비해 강력한 건축 규제가 존재한다는 것이다.

'경관 상쇄'라고도 불리는 개발 규제로 인해 층수 제한, 용적률 제한 등이 적용된다. 개발자 입장에서는 이익의 크기가 줄어드는 지역인 것이다. 물론 이러한 개발 제한으로 인해 희소가치가 있어 쾌적한 주거환경으로 인기가 있을 수도 있다. 그러나 부동산의 사용가치가 아닌 교환가치 측면에서 바라보면 시세 상승이라는 욕구에는 부합하지 않을 것이다. 추가적으로 이러한 신이 만든 정원에 가까운 지역일수록 부동산 가격의 핵심적인 요소인 편리한 교통이나 기반시설 접근성 등이 떨어지는 편이다.

> 어느 강의실에서 무임승차 효과에 대해 한참 이야기하고 있었다. 그때 누군가 손을 들며 질문을 한다.
>
> "교수님, 저희 집 근처에 경관으로 유명한 산이 있는데 그런 지역의 부동산 전망은 어떤가요?"

"네, 주거 만족도는 높으신가요?"

"그럼요. 공기도 맑고 풍경도 좋습니다."

"약수터도 가깝고, 아이들 학교도 가깝고, 시장도 가깝죠?"

"네, 그래요. 크게 불편한 부분 없이 살기 좋은 동네예요."

"그런데 살고 계신 주변에 있는 산은 누가 만들었을까요? 인간, 신?"

"당연히 신이 만들었겠죠."

"신이 자연공원을 만들 때 돈이 들지 않았겠죠?"

"네 그렇죠."

"무임승차 효과라는 것은 내가 지불하지 않았으나 누군가는 지불한 비용이 존재해야 해요. 비용이 발생했는데 내가 지불하지 않았다면 그 비용만큼 무임승차 효과가 발생하죠. 신께서 하신 일은 비용이 없으니 무임승차 효과도 없습니다."

"하하! 그렇네요."

"계신 곳의 교통은 어떤가요? 전철과 가깝나요?"

"아니요. 다 좋은데 그게 좀 불편해요. 마을버스를 타고 한 15분 정도 가야 지하철역이 있어요. 저도 그렇게 출근을 하고요."

"거주하는 곳은 서울이죠?"

"네."

"수도권 전체의 지하철역의 숫자는 약 700여 개가 넘어요."

"네? 그렇게나 많나요?"

"네, 그래요. 그렇게 지하철역이 거미줄처럼 촘촘하게 있는데 어떤 역도 우리 집에서 가깝지 않다면 다른 지역과 비교해 전망이 어떨까요?"

## 예정 역세권을
## 미리 아는 법

부동산 가격의 시세 탄력성을 결정하는 요인 중 가장 중요한 것은 교통시설일 것이다. 이는 고용의 중심지와 얼마나 가까운지, 그리고 얼마나 빠르게 접근할 수 있는지가 가격에 큰 영향을 미치기 때문이다. 일반적으로 고용의 중심지는 높은 가격대를 형성하는 경향이 있다. 따라서 이러한 중심지까지 빠르게 이동할 수 있는 교통망이 갖춰진 지역일수록 더 높은 가격이 형성된다. 누구나 다 아는 식상한 이야기다.

중심지와 가깝고 교통이 좋은 곳은 이미 비싸지 않느냐고 물을 수 있다. 이때는 다른 선택지를 고려해야 한다. 바로 무임승차 효과가 발생할 수 있는 지역에 선제적으로 투자하는 것이다.

그럼 어떻게 교통시설 개통 예정지를 먼저 알 수 있을까? 이러한 정보를 잘 정리한 사이트가 있다. 바로 미래철도(frdb2.ivyro.net)다. 개인이 운영하는 사이트로 2001년부터 현재까지 정확한 정보가 주기적으로 업데이트되고 있다. 미래철도의 초기 화면에서 왼쪽에 나열된 목록 중 '개통시기별'을 클릭하면 연도별 개통 예정 철도, 전철, 지하철, 경전철의 목록이 나온다. 2032년까지

■ 2026년 개통

| | |
|---|---|
| 대전 신교통수단 도입 시범사업(●○○) | 가수원4거리-도안동로-유성온천역(1) |
| 신안산선(●●●) | 원시-서화성 |
| 위례선(트램) | 마천역-위례신도시-복정역, 남위례역 |
| 양산도시철도 (노포~북정)(●●●) | 노포~북정 (부산2호선 양산-양산중앙 연장 포함) |
| 동해선 태화강-북울산 광역철도(●●●) | 태화강-북울산 |
| 진접선 (서울지하철 4호선 연장)(●●●) | 진접차량기지 신설 |
| 경전선 직-복선화 (1) (부천-마산 복선전철)(●●●) | 부천-마산 |
| GTX-A선(●●●) | 서울역-수서(삼성역 무정차 통과) |
| 부산 천마산 관광모노레일(●●●) | 부산교육역사관-천마바위 |
| 수원발 KTX 직결사업(●●●) | 경부선 서정리-수서고속철도 평택지제 |
| 대전철도차량정비단 인입철도(●●●) | 대전철도차량정비단-회덕역 |
| 대전도시철도 1호선 연장(●○○) | 판암-식장산 |

미래철도에서 살펴본 2026년 개통 예정 철도

예정 철도 등의 라인이 제공되고 있다. 각각의 연도별 메뉴를 선택하면 해당 연도에 개통하는 예정 노선 리스트가 보인다.

예를 들어 2026년을 선택하면 그해 개통 예정 철도 목록을 볼 수 있다. 이 중 수도권 전철 노선인 '신안산선'을 알아보자. 신안산선을 누르면 명칭, 사업 상황이 나온다. 사업 상황에는 신호등 느낌의 그림이 있는데 녹색이면 시공 중, 노란색이면 계획 수립, 빨간색이면 검토 중이란 의미다. 1차 구간이 현재 시공 중인데 총 15개역이며 안산 한양대역(에리카캠퍼스역)에서 여의도역까지 이어지는 노선이다. 2차 구간은 여의도역에서 공덕역을 거쳐 서울역까지 연장되는 노선이다. 양측 교행이 가능한 복선 노선이고, 기존 설계속도는 120km/h다.

일반적인 지하철과 달리 지하 깊은 곳에서 운행하는 대심도 전

## 신안산선 추진계획

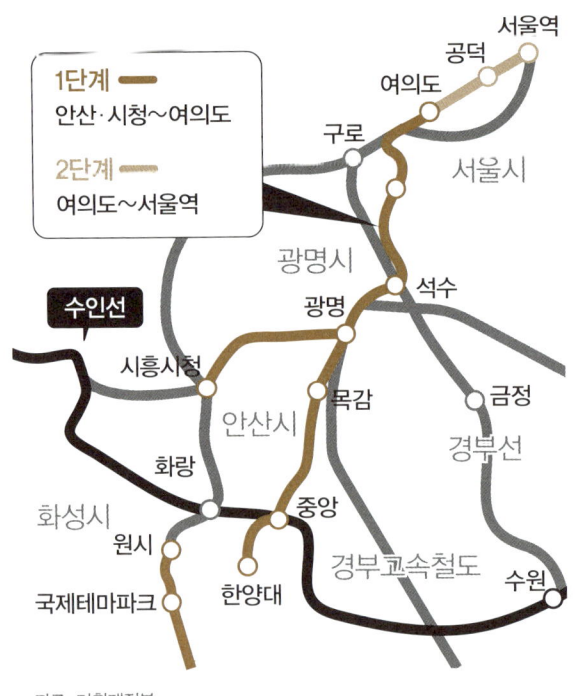

자료: 기획재정부

철이다. 한양대 에리카캠퍼스 인근에서 여의도역까지 먼 거리를 빠르게 운행한다. 일반 지하철이 운행되는 지하 10~20m보다 깊은 곳에서 건설되다 보니 당연히 일반 지하철보다 시공비가 많이 소요된다. 일반적으로 무임승차 효과로 인한 수혜지의 부동산 가격 상승률은 투입된 예산과 비례한다고 알려져 있다. 개통 이후 상승률이 높을 것으로 예상되는 이유다.

초기 개통 시 RH 6량, NH 3량으로 운행된다. 'RH'는 출퇴근 시간(Rush Hour)이고, 'NH'는 평상시(Normal Hour)를 의미한다. 놀라운 것은 안산 한양대역에서 여의도역까지 급행노선을 이용하면 25분이 소요된다는 점이다. 개통 전 기준으로 대중교통 이용 시 1시간 30분 이상, 승용차 이용 시 1시간 10분 이상 소요되던 거리를 25분 만에 주파하는 것이다.

미래철도에서는 수도권뿐만 아니라 비수도권 광역시와 전국 모든 지역의 철도, 전철, 지하철, 경전철 노선 정보를 열람할 수 있다. 이 내용을 처음 듣는 분이 있다면 당장 이 사이트에 방문해 보길 권한다.

## 교량과 부동산 시장

교량은 지역과 지역을 연결하는 도로시설이다. 크게 둘로 나뉘는데 하나는 일반적인 지역과 지역을 연결하는 다리고, 다른 하나는 섬과 육지를 이어주는 연륙교(連陸橋)다. 두 가지 형태의 교량 역시 건설 시 비용이 발생한다. 당연히 국가 또는 지역 예산으로 건설된다. 부동산 가격에 호재로 작용하지만 지역 내 거주자 입장에선 직접적인 비용 부담이 발생하지 않는다. 대표적인 무임승차 효과로 볼 수 있다.

교량이나 연륙교의 개통은 기존의 교통망을 확장하거나 개선해 특정 지역의 접근성을 크게 향상시킨다. 교통이 편리해지면 지역의 상업적 가치와 주거지의 가치가 상승할 수 있다. 교량 개통은 해당 지역의 상업과 산업 활동을 촉진키고, 먼 거리를 돌아가거나 이동이 불편했던 지역을 빠르게 이어주는 역할을 한다.

예를 들어 한강을 가로지르는 다리의 건설은 양쪽 지역 간의 교류와 소통을 크게 촉진했다. 다소 오래된 이야기지만 성수동의 가치가 높아진 이유는 성수대교와 동호대교를 통해 강남과 직접 연결되었기 때문이다. 강남권의 높은 지가와 임대료로 인해 수요자들은 '차선책'을 고민하게 되었고, 다리 하나만 건너면 도달할 수 있는 성수동이 매력적인 대안이었을 것이다.

한반도의 서쪽을 가로지르는 서해안고속도로는 어떠한가? 서해안고속도로가 개통되었을 때 가장 큰 수혜를 본 지역은 충남 당진이다. 당진은 경부고속도로에서 안성IC까지 내려와 일반 국

### 서해대교 착공 전후 평균 지가 변화

(단위: %)

| 구분 | 당진시 | 충청남도 | 전국 |
|---|---|---|---|
| 서해대교 착공 1년 전(1992년) | 2.00 | 1.12 | −1.27 |
| 서해대교 착공(1993년) | −5.28 | −6.49 | −7.38 |
| 서해대교 개통 1년 전(1999년) | 4.00 | 3.15 | 2.94 |
| 서해대교 개통(2000년) | 2.10 | 1.18 | 0.67 |
| 서해대교 개통 1년 후 및 서해안고속도로 개통(2001년) | 1.21 | 0.37 | 1.32 |

도를 이용해야만 이동이 가능했던 지역이었다. 서해안고속도로가 개통되면서 해당 지역은 '서해대교'로 연결되었는데, 이전보다 이동시간이 절반 이상 단축되었다.

서해대교 개통 전후 당진시 평균 지가 변화를 보면 그 파급효과를 가늠할 수 있다. 부동산 침체기인 1993년을 제외하고 대부분 시장수익률을 초과한 지가 상승률을 보였다. 하락한 시점에도 다른 지역보다 좀 더 비탄력적인 하방경직성을 보였다. 무임승차 효과가 톡톡히 반영된 것이다.

연륙교는 무임승차 효과 중에서도 가장 효과가 높다고 알려져 있다. 대표적인 지역이 인천 영종도일 것이다. 현재는 영종대교와 인천대교 2개소가 연결되어 있고, 추가로 인천 청라지구 쪽과도 연결될 예정이다. 물론 영종도의 지가 상승률은 신공항 건설과 각종 개발 사업에서 기인한 것도 있지만, 이 모든 것이 최초의 연륙교인 영종대교가 개통되면서 이뤄졌다. 영종대교 개통 전에는 이 지역의 소득수준이 그리 높지 않았다. 인천 연안부두에서 배를 타고 30여 분 이동하면 영종도 선착장에 도착하고, 다시 버스를 타고 서쪽 해변인 을왕리해수욕장이나 왕산해수욕장으로 이동해야 했다. 정말 이동시간이 매우 길었던 지역이었다.

한편 비교적 최근에는 충남 보령 원산도가 무임승차 효과를 누렸다. 충남 보령 원산도는 2021년 보령해저터널이 개통되면서 사실상 육지가 되었다. 계획 및 구상으로부터 준공까지 상당한 시간이 소요되었으나 개통 이후 매우 높은 지가 상승을 보였다. 보령해저터널을 포함한 전 구간 개통은 2021년 12월 1일에 이뤄졌다. 이 터널은 충남 보령시 대천항과 오천면 원산도를 연결하는 길이 6.9km에 달하는 국내 최장 해저터널이다. 공사는 2010년 12월 착공해서 약 11년간 진행되었으며, 사업비는 약 4,881억 원이 투입되었다. 대천해수욕장에서 안면도 영목항까지 95km에 달하던 거리를 14km로 대폭 단축시켰고, 이동시간은 90분에서 약 10분으로 줄어들었다.

최근 사례로는 2025년 말 준공 예정인 영종도~신도 연륙교(신도대교)가 있다. 2021년에 착공되었으며, 총 길이는 약 3.5km로 2차선 도로와 접속도로로 구성되어 있다. 공사비는 약 1,251억 원으로 추산된다.

## 대규모 고용과 부동산 시장

부동산 소재지 인근에 대규모 고용이 발생하는 것도 무임승차 효과 중 하나라고 볼 수 있다. 대규모 고용이 이뤄지려면 그에 걸맞은 인프라 투자가 발생해야 하고, 더 나아가 지역 내 소득과 경제성장률이 높아지면서 부동산 가격에 영향을 미친다. 예를 들어 1기 신도시 분당은 최초 신도시 조성 당시에는 다른 1기 신도시 지역과 비슷한 분양가와 부동산 가격이 유지되었다. 그러다 강남 비즈니스타운에서 가장 가까운 신도시라는 입지적 장점이 부각되었고, 경부고속도로축에 주거벨트가 형성되며 각광을 받는다.

여기서 한 걸음 더 도약하게 된 계기는 판교의 개발이다. 판교는 2기 신도시로 개발된 도시인데 여타 다른 신도시와 달리 고용의 기능까지 함께 조성되면서 가격이 크게 올랐다. 판교가 폭등하며 인접한 분당으로 풍선효과가 발생했다. 분당 지역 소유자들은 판교의 고용 인프라 구축에 직접적인 비용을 지불하지 않았다. 무임승차 효과의 후광효과가 발생한 것이다.

서울시 은평구에 수색동 지역이 있다. 과거 수색은 연탄 집하장이 있었고, 노선버스의 주요 종점이어서 '서쪽 끝'이란 느낌이 강한 지역이었다. 당시 수색은 인접한 고양시 화전역과 맞닿아 있어 말 그대로 가장 외진 지역 중 하나였다. 하지만 지금의 은평구 내에서 가장 부동산 가격이 높은 지역으로 변모했다.

이러한 변화는 두 가지 원인에서 기인한다. 첫째, 낙후된 수색이 재개발 등으로 인해 새로운 아파트촌으로 탈바꿈했다. 주택 품질이 이전과 비해 비약적으로 개선된 것이다. 둘째, 상암 디지털 미디어시티의 건설이다. 미디어와 IT 분야 고용 인프라가 집약된 것이다. 첨단 업종의 고용이 늘어나고 지역 내 경제성장률이 높아지면서 인근 지역까지 그 영향을 미치게 되었다. 엄밀하게 따지면 상암은 마포구에 속해 있으나, 상암에서 바로 큰 길을 건너면 바로 은평구 수색이 나온다. 새로운 고용과 성장의 중심지로부터 가장 가까운 신축 아파트 지역으로 변모한 것이다.

## 이미 늦은 것 아닌가요?

부동산 시장의 무임승차 효과를 이야기하다 보면 "이미 늦은 것 아닌가요?" 하는 질문을 자주 받는다. 그렇게 발전하고 좋아질 지역이면 이미 늦은 것 아니냐는 뜻이다. 틀린 이야기는 아니다. 다소 늦었을 수도 있다. 그럼에도 눈여겨볼 가치가 있다. 같은 값이면 호재가 있는 지역이 그렇지 않은 지역보다 나은 선택지가 될 수 있다. 무엇보다 모든 무임승차 효과가 가격에 한꺼번에 반영되는 것은 아니다.

"교수님, 질문이 있는데요."

"네, 말씀하세요."

"말씀하신 부동산 시장의 무임승차 효과는 주식 시장으로 보면 '재료주'

와 같은 느낌인데 맞나요?"

"네, 맞습니다."

"주식 시장의 격언 중에 소문에 사고 뉴스에 팔라는 말이 있습니다. 말씀하신 호재는 이미 뉴스를 통해 널리 알려진 것 아닌가요? 그럼 이미 투자를 하기에 늦은 것 아닙니까?"

"물론 그렇게 생각하는 것이 당연합니다. 전철이나 교량 예정지 발표는 모두가 알고 있는 호재에 해당하죠. 하지만 무임승차 효과는 단 한 번에 반영되는 것이 아니라는 점이 중요합니다."

"어떤 뜻인가요?"

"일반적으로 그러한 계획은 최초 계획 발표, 예산 편성, 설계, 착공, 준공, 준공 후 1년의 과정을 거치게 됩니다. 그 과정마다 조금씩 가격이 상승합니다."

"그럼 그 과정 중에 최초 계획 발표 시점을 제외하고 가장 상승이 높은 시점은 언제인가요?"

"착공 때 꽤 높은 상승 흐름을 보입니다. 착공 시점에 뉴스도 타고 관계자들이 착공식에 참석하는 장면도 보도되거든요. 예산 편성, 설계, 공사 시기에는 생각보다 상승률이 높지 않습니다. 또 의외로 준공 후 1년 동안에도 상승률이 높습니다."

"아 그래요? 준공이 되면 이미 모든 호재가 반영되었을 텐데 가격 상승률이 높게 나오나요?"

"사람들은 이미 알고 있는 호재에 대해 머리로는 알고 있다고 하지만, 실제 수요가 늘어나고 행동에 옮기기까지는 확신이 필요합니다. 준공되고 말

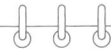

로만 듣던 시설을 이용해보면서 추측이 확신으로 바뀌어야 움직이는 경우가 많습니다. 결국 인간은 눈으로 보는 것만 믿거든요."

"그럼 무임승차 효과가 최초 발생하는 시기에 투자를 하는 것이 최적이 겠네요. 어쨌든 기다리면 가격이 꾸준히 상승하니까요."

"그 방법도 괜찮을 수 있지만 일반적으로 인프라 건설에는 꽤 긴 시간이 소요됩니다. 계획 발표 후 준공까지 7년에서 10년 이상은 걸리고, 자칫 중간에 계획만 있고 무산되는 사례도 있어요. 실제로 의도한 대로 계획이 진행되어도 초기부터 투자하는 건 기회비용 낭비가 크지 않을까요?"

"그러면 어떤 시점이 최선일까요?"

"저는 준공 1~2년 전이 가장 최선이라고 생각합니다. 오래 기다리는 기회비용도 없고, 준공 후 1년까지 기회를 얻을 수 있으니까요."

"그럼 무임승차 효과가 있는 지역인지 어떻게 1~2년 전부터 알 수 있을까요?"

"전철, 지하철, 철도는 '미래철도' 사이트를 참고하세요. 도로, 교량 등은 뉴스나 지자체 홈페이지를 보면 됩니다."

"네 알겠습니다. 감사합니다. 교수님."

참고로 무임승차 효과가 없을 때도 있다. 발표된 개발계획이 제때 추진되거나 준공되었음에도 불구하고 지역 부동산 가격이 약세를 보이는 경우가 있다. 일반적이라면 다른 지역 대비 시장

수익률을 초과하는 가격 상승이 있어야 하는데 그렇지 않은 때가 은근히 있다. 부동산 시장이 매우 약세이거나 침체기일 때 그러한 현상이 나타난다. 주식 시장도 매우 우량하고 발전 가능성이 많은 재료 가득한 주식일지라도 시장 전체가 침체기면 함께 조정을 받곤 한다. 부동산도 자산의 일종이므로 당연히 시장 흐름의 영향을 받는다. 다만 정상적인 시장 흐름과 강세장에서는 다른 지역보다 가격 탄력성이 있다.

# 언제 매각해야 하는가?

## 부동산 매각의 근거

부동산 투자를 해야 하는 이유 못지않게 매각을 해야 하는 이유에 대한 고민도 필요하다. 허탈하단 생각이 들지 모르겠지만 가장 확실한 매각 사유는 돈이 필요할 때다. 부동산을 현금화해서 시급한 자금 수요를 충당할 수 있다. 신규 사업을 위한 재원 마련일 수도 있고, 학비나 의료 관련 지출이 있을 수 있다. 급전 마련이 필요한 경우가 아니더라도 계속 보유할지, 매각할지 기준점을 정할 필요성이 있다.

그럼 어떤 기준으로 의사결정을 해야 할까?

### 1. 잘못 샀을 때

부동산 보유자가 매각해야 할 첫 번째 사유다. 말은 쉬운데 실천이 어렵다. 부동산 시장에는 오래된 믿음이 있다.

> 부동산은 장기 투자하면 언젠가 보답으로 돌아온다.

전혀 틀린 의견은 아니다. 과거 한국의 부동산 시장은 높은 경제성장률과 함께 높은 가격 상승을 보였다. 국토 전반적으로 지가가 오르면서 자산 가치가 크게 늘어났다. 이러한 경향이 부동산 소유자에게 막연한 확신으로 자리 잡았다. 냉정히 따져보면 모든 부동산이 시장수익률 이상으로 오르는 것은 아니다. 스스로도 알고 있다. 하지만 여기서 현상유지편향이 스멀스멀 침투한다. '언젠간 오르겠지?' 하는 막연한 기대감을 갖게 된다.

완전 틀린 이야기는 아니다. 개발이 거의 불가능한 그린벨트 토지도 20년 전보다는 올랐을 것이고, 길 없는 맹지도 30년 전보다는 가격이 상승했을 것이다. 이러한 가격 상승을 믿음의 결과라고 여기며 "어쨌든 옛날보다는 올랐잖아?"라며 스스로 위안한다. 투자는 효율성이 지배하는 행위다. 적어도 시장수익률과 동일하거나 그보다는 높은 수익이 있어야 고민의 보람이 있을 것이다. 명목금액이 상승했어도 오른 것이 아닐 수 있다.

그럼 어떤 기준으로 잘못 샀음을 구분할 수 있을까? 먼저 위치 면에서 고용의 중심지로부터 먼 지역이라면 시장수익률보다 못할 수 있다. 직주근접성은 가장 일차적인 필터다. 고용의 중심지로부터 먼 지역일지라도 빠르게 이동할 수 있는 교통수단이 인근에 있다면 경쟁력이 있다.

또 다른 사례는 유동성이 낮은 부동산이다. 이는 거래가 활발하지 않거나 매매에 시간이 오래 걸리는 자산을 의미한다. 대표적으로 나홀로 아파트와 같이 매각 시 시간이 오래 걸리는 부동산은 위치의 우수성과 무관하게 매각 고려 대상이다. 통상 100세대 이하의 아파트가 그러한 특성을 가지고 있다.

마지막으로 최유효이용을 한 부동산도 매각 고려 대상이다. 해당 토지에서 활용 가능한 용적률이나 층수를 모두 뽑아낸 부동산은 더 이상 상승가치가 없다. 오피스텔, 도시형생활주택, 수익형 호텔, 생활형숙박시설, 레지던스 등이 대표적이다. 어떤 이는 위치의 우수성으로 보유가치가 있다고 생각하지만 그래도 아니다.

"나홀로 아파트나 오피스텔은 투자 부적격이란 뜻인가요? 사실 제가 오피스텔을 5년 전부터 보유하고 있는데 위치는 무척이나 좋거든요."

"아, 그러세요? 어디인데요?"

"네, ○○역 바로 옆이고요. 초역세권입니다."

"더블역세권이고 유동인구가 매우 많은 곳이네요."

"네 맞아요. 그리고 임대가 잘 나가서 공실이 거의 없어요. 가격이 아파트처럼 오르지는 않아도 꼬박꼬박 월세가 나오니까 나쁘지는 않네요."

"그러시겠어요. 시세는 구입 당시보다 올랐나요?"

"아니요. 거의 비슷하거나 급매는 분양가보다 조금 낮게도 나오더라고요."

"본업은 따로 있으시고, 오피스텔로 추가적인 현금흐름이 생기니까 나름 만족하시는 거네요."

"네, 그게 장점이죠. 아까도 말씀드렸지만 위치가 너무 좋아요. 계속 보유해도 되겠죠?"

"부동산 투자의 일정 부분은 인플레이션에 대한 방어 수단이에요. 예를 하나 들어볼게요. 어떤 주식이 매년 소액이지만 꾸준히 배당을 주고 있어요. 그런데 배당을 받은 날, 주가가 그보다 더 크게 떨어졌다면 어떤가요? 결국 배당을 받았다고 해도 손해인 셈이죠. 지금 말씀하신 부동산은 시간이 지날수록 가치가 떨어지지만 배당은 나오는 현물 주식에 투자한 것과 비슷해요."

"그런가요? 위치가 그렇게 좋은데요?"

"아무리 위치가 좋아도 상품 자체가 안 좋으면 투자 기각 대상입니다."

실제로 오피스텔, 도시형생활주택 등은 초역세권의 유동인구가 많은 지역에 소재한 경우가 많다. 콘셉트가 위치의 장점을 무마시키는 대표적인 예일 수도 있다.

### 2. 이익이 충분할 때

행동경제학적인 투자 오류를 범하지 않기 위해 철저히 분석하고 투자를 했으며, 무임승차 효과가 있는 지역을 개별적으로 선정해서 투자를 했다. 본인의 분석대로 실현되었고 시장수익률을 초과할 만큼 결과가 충분하다면 일정 부분 이익을 실현하는 것도 좋은 방법일 수 있다. 예상한 이익이 발생했고, 무임승차 효과가 이미 실현되어 장점이 소진되었다면 다른 미래 가치가 있는 곳에 투자할 필요가 있다.

### 3. 소유한 부동산보다 더 나은 것을 발견했을 때

즉시 매각해야 할 잘못 산 부동산은 아니지만 그보다 좋은 것을 발견했다면 고민이 많을 것이다. 자금의 여유가 있다면 보유한 현금으로 투자하면 되지만 그렇지 않다면 팔고 넘어가야 할지 고민될 것이다.

"교수님, 제가 D지역 아파트를 보유하고 있는데요. 최근에 다른 F지역의 아파트를 살지 말지 고민하고 있습니다. 부동산이 유일한 자산이다 보니 F지역 아파트를 사기 위해서는 D지역 아파트를 팔아서 자금을 마련해야 합니다."

"살고 계신 D지역 아파트도 괜찮은데요. F지역으로 갈아타서 실거주할 계획이라면 일단 찬성입니다."

"아 그래요? 고맙습니다. F지역이 더 나아 보이죠?"

"그럼요. F지역이 비교우위에 있어요. 하락기에도 하방경직성이 있고, 상승기에는 살고 계신 D지역보다 상승률이 높을 겁니다."

"그럼 D지역 아파트를 언제 파는 것이 좋을까요?"

"F지역에 대해 분석이 끝났다면 D지역 아파트는 즉시 매각하셔야죠."

"지금은 거래가 아주 활발한 시기가 아니니까 어느 정도 가격이 반등할 때 팔아서 옮기는 게 낫지 않을까요?"

"선생님, D지역 아파트 가격이 괜찮을 때까지 기다리시면, F지역 아파트 가격은 가만히 있을까요?"

"하하! 그렇지 않겠죠."

"결론은 내 부동산은 가장 좋은 높은 가격에 매각하고, 내가 살 부동산은 가장 낮은 금액에 사고 싶은 거죠? 그게 가능하겠어요? 생각에 확신이 있고 여러 곳에서 검증을 받았다면 즉시 실행하는 게 가장 합리적입니다."

닫는 글

# 최적의 해답을 찾기 바라며

사람들은 누구나 경제활동의 주체로서 하루하루 생활하고 있다. 여러 분야의 경제활동을 하는 과정에서 부동산과 관련된 일도 부지불식간 마주하게 된다.

부동산은 공간에 대한 이야기다. 부동산에 전혀 관심이 없는 이들도 공간을 소유하고 이용하며 매일매일을 살아간다. 부동산을 투자자산으로 바라보는 것도 매우 오래된 시각이다. 부동산을 자산으로 바라보고 투자하는 것은 컴퓨터나 기계가 아닌 우주 최강의 지적 생명체인 인간의 특권이다.

평가와 기대가 높은 만큼 부동산 투자도 합리적이고 이성적이어야 한다. 그러나 현실은 그렇지 않다. 인간은 기억을 바탕으로 사고하는 존재다. 그렇기에 각자의 인생 경험과 환경은 사고방식 전반에 큰 영향을 미친다. 부동산에 대한 시각이나 투자 결정 역시 살아오며 체득한 습관과 관성이 작용해 종종 정확하고 합리적인 판단을 방해한다.

과거 우리는 현실에는 존재하기 어려운 완전경쟁, 완벽한 정보, 냉정한 판단으로 무장한 '경제적 인간'이 곧 자신의 모습이라 믿었다. 반면 행동경제학은 보다 현실적인 인간상을 지향한다. 어쩌면 비합리적이고 실수를 반복하는 인간에 대한 따뜻한 시선이야말로, 진정한 합리성일 수 있다는 관점을 제시한다.

이 책을 통해 인간적인 너무나 인간적인 우리의 모습을 투영해 부동산 투자를 이해하고자 했다. 과거 부동산 투자 시 행했던, 지금 보면 이해할 수 없는 의사결정이 왜 나타났는지, 무엇이 그러한 판단에 영향을 미쳤는지 뒤돌아보는 계기가 되었으면 한다. 그로 인해 한정된 삶과 자본을 활용한 부동산 투자에서 최적의 해답을 얻을 수 있다면 더할 나위 없을 듯싶다.

만일 행동경제학적인 투자자가 아니라, 냉정함과 합리적인 사고만으로 똘똘 뭉쳐진 누군가 부동산 투자를 한다면 매수와 매도 시 다음과 같은 기준으로 투자할 것이다.

매수 시에는 일단 부동산 시장의 추세부터 정확히 판단하고자 할 것이다. 기본적으로 금리가 매우 높은 시기에는 적기가 아니라고 판단할 것이다. 금리가 낮아지는 시초가 되는 상황을 감별할 것이다. 고용이 감소하고, 소비 여력이 떨어져서 물가가 안정화되면 금리가 인하될 것이라는 합리적 기대를 가질 것이다. 실제로 금리 인하가 시작되어도 곧바로 경기 활성화가 되지 않으므로 매수 시점을 미룰 것이다. 금리 인하 후 약 12개월에서 18개월 이후 부동산 시장이 반응하므로, 그때를 매수 시점으로 고려할 것이다.

매수하는 지역은 언제나 역세권이나 고용의 중심지만을 고려할 것이다. 혹은 교통이 개선될 여지가 있는 지역을 선택할 것이다. 유동성이 나쁜 나홀로 아파트는 구상에서 제외하고 일정 규모 이상의 단지를 타깃으로 삼을 것이다. 여기에 여러 후보군을 두고 추가적인 비교우위를 따져 선택할 것이다. 비교 대상이 있다면 용도지구, 용도지역에 따른 용적률과 건폐율도 검토할 것이다. 주변 사람들이 아직은 매수할 때가 아니지 않느냐고 말해도 미소 지으며 의연하게 대처할 것이다.

경기 하락이나 부동산 침체가 찾아와도 추가적인 기다림이 더 큰 수익으로 다가온다는 분석이 있다면 보유할 것이고, 그렇지 않다면 매도할 것이다. 구체적인 매도 시기는 일단 시장의 추이를 살필 것이다. 경기 과열이 우려되어 금융당국이 금리 인상을 시작한다면 좀 더 기다릴 것이다. 금리를 올려도 투기 과열이 금방 식지는 않기 때문이다. 금리 인상이 시작되고 1년 정도 뒤가 최적의 타이밍이라고 생각할 것이다. 평소에 부동산 투자에 관심이 없던 이가 부동산 투자를 언급하기 시작하고, 핵심 지역의 가격 상승이 인접 지역으로 전이되는 상황을 지켜볼 것이다. 풍선효과가 확대되어 평소 언급이 없던 지역까지 투자자가 몰려들면 결심을 내릴 것이다. 정확한 매도 타이밍이 왔다.

하지만 과연 실수 없이 부동산을 제대로 매수하고, 보유하고, 매도하는 일이 쉬운 일일까? 물론 쉽지 않다. 호모 이코노미쿠스식 투자가 가능한 것은 극소수에 불과할 것이다. 대부분은 이렇게 행동하지 못한다. 여기에서 강력한 동질감과 약간의 위안을 얻는다.

당신은 어떤 투자자인가?

# 행동경제학 용어 찾아보기

가격 앵커링 ············································· 95, 98, 99
가용성 편향 ················································· 23
감정적영향 ··············································· 22, 25
근접성 편향 ················································· 23
기대오류 ················································ 114, 172
나쁜 넛지 ········································· 132, 133, 136
넛지이론 ················ 129, 130, 131, 132, 133, 135, 136, 138, 144
다크패턴 ··························· 144, 145, 147, 148, 149, 150
대체적 기준효과 앵커링 ········································ 102
대표성 휴리스틱 ············································· 154
리스크 회피 ············································ 22, 27, 43
불확실성 회피 ········································· 23, 24, 174
사회적 증거 ························ 68, 69, 119, 120, 121, 151, 162
사후확률오류 ············································· 86, 87
선택 설계 ············································· 131, 132
손실회피 ············· 17, 71, 73, 97, 98, 112, 121, 162, 183, 189, 223

시스템1 ·························· 214, 215, 216, 224, 227, 228, 229, 230, 258

시스템2 ·························· 215, 226, 227, 228, 229, 230, 231

시장편향 ································································ 27

심리적 계정 ·············································· 113, 114

양떼효과 ··························································· 122

위험회피성 ······················································· 112

인지 부조화 ······································ 108, 110, 122

정보 앵커링 ············································· 104, 172

정보의 비대칭성 ············································· 133

정보편향 ···················································· 22, 23

정신적 회계 ················································ 67

제약된 자기통제 ············································ 108

제한된 합리성 ················································ 63

지연만족 ························································ 108

포모 ····························································· 16, 184

프레이밍 효과 ··················· 108, 109, 113, 151, 157, 159

현상유지편향 ························· 29, 30, 32, 34, 43, 174, 185, 316

현재편향 ···················································· 51, 224

확률가중과 희귀성편향 ································ 122

확증편향 ························· 23, 35, 36, 65, 108, 109, 110, 119,
151, 156, 157, 176, 183, 218, 230

휴리스틱 ·························· 151, 152, 154, 160

## 부동산 행동경제학:
## 숫자로 움직이는 부동산, 심리로 해석하다

초판 1쇄 발행 2025년 8월 25일

지은이 | 최황수
펴낸곳 | 원앤원북스
펴낸이 | 오운영
경영총괄 | 박종명
기획편집 | 이광민 최윤정 김형욱
디자인 | 윤지예 이영재
기획마케팅 | 문준영 박미애
디지털콘텐츠 | 안태정
등록번호 | 제2018-000146호(2018년 1월 23일)
주소 | 04091 서울시 마포구 토정로 222 한국출판콘텐츠센터 319호(신수동)
전화 | (02)719-7735    팩스 | (02)719-7736
이메일 | onobooks2018@naver.com    블로그 | blog.naver.com/onobooks2018
값 | 24,000원
ISBN 979-11-7043-666-9 03320

* 잘못된 책은 구입하신 곳에서 바꿔 드립니다.
* 이 책은 저작권법에 따라 보호받는 저작물이므로 무단 전재와 무단 복제를 금지합니다.
* 원앤원북스는 독자 여러분의 소중한 아이디어와 원고 투고를 기다리고 있습니다. 원고가 있으신 분은 onobooks2018@naver.com으로 간단한 기획의도와 개요, 연락처를 보내주세요.